年轻干部要
可堪大用能担重任

洪向华 主编

人民出版社

责任编辑：洪　琼

图书在版编目（CIP）数据

年轻干部要可堪大用能担重任/洪向华 主编. —北京：人民出版社，2021.11
（2024.12 重印）
ISBN 978－7－01－023912－5

Ⅰ.①年⋯　Ⅱ.①洪⋯　Ⅲ.①青年干部-干部培养-中国　Ⅳ.①D630.3

中国版本图书馆 CIP 数据核字（2021）第 217476 号

年轻干部要可堪大用能担重任
NIANQING GANBU YAO KEKANDAYONG NENGDANZHONGREN

洪向华　主编

人民出版社 出版发行
（100706　北京市东城区隆福寺街 99 号）

北京汇林印务有限公司　新华书店经销

2021 年 11 月第 1 版　2024 年 12 月北京第 3 次印刷
开本：710 毫米×1000 毫米 1/16　印张：12.25
字数：200 千字

ISBN 978－7－01－023912－5　定价：49.00 元

邮购地址　100706　北京市东城区隆福寺街 99 号
人民东方图书销售中心　电话　(010)65250042　65289539

目　录

　　2021 年 9 月 1 日，习近平总书记在 2021 年秋季学期中央党校（国家行政学院）中青年干部培训班开班式上发表重要讲话强调，年轻干部生逢伟大时代，是党和国家事业发展的生力军，必须练好内功、提升修养，做到信念坚定、对党忠诚，注重实际、实事求是，勇于担当、善于作为，坚持原则、敢于斗争，严守规矩、不逾底线，勤学苦练、增强本领，努力成为可堪大用、能担重任的栋梁之才，不辜负党和人民期望和重托。

　　理想信念坚定和对党忠诚是紧密联系的。理想信念坚定才能对党忠诚，对党忠诚是对理想信念坚定的最好诠释。检验党员干部是不是对党忠诚，在革命年代就要看能不能为党和人民事业冲锋陷阵、舍生忘死，在和平时期也有明确的检验标准。比如，能不能坚持党的领导，坚决维护党中央权威和集中统一领导，自觉在思想上政治上行动上同党中央保持高度一致；能不能坚决贯彻执行党的理论和路线方针政策，不折不扣把党中央决策部署落到实处；能不能严守党的政治纪律和政治规矩，做政治上的明白人、老实人；能不能坚持党和人民事业高于一切，自觉执行组织决定，服从组织安排，等等，都是对党忠诚的直接检验。组织上安排年轻干部去艰苦边远地区工作，是信任更是培养，年轻干部应该以此为荣、争先恐后。刀要在石上磨、人要在事上练，不经风雨、不见世面是难以成大器的。

坚持一切从实际出发，是我们想问题、作决策、办事情的出发点和落脚点。坚持从实际出发，前提是深入实际、了解实际，只有这样才能做到实事求是。要了解实际，就要掌握调查研究这个基本功。要眼睛向下、脚步向下，经常扑下身子、沉到一线，近的远的都要去，好的差的都要看，干部群众表扬和批评都要听，真正把情况摸实摸透。既要"身入"基层，更要"心到"基层，听真话、察真情，真研究问题、研究真问题，不能搞作秀式调研、盆景式调研、蜻蜓点水式调研。要在深入分析思考上下功夫，去粗取精、去伪存真、由此及彼、由表及里，找到事物的本质和规律，找到解决问题的办法。

坚持从实际出发、实事求是，不只是思想方法问题，也是党性强不强问题。从当前干部队伍实际看，坚持实事求是最需要解决的是党性问题。干部是不是实事求是可以从很多方面来看，最根本的要看是不是讲真话、讲实话，是不是干实事、求实效。年轻干部要坚持以党性立身做事，把说老实话、办老实事、做老实人作为党性修养和锻炼的重要内容，敢于坚持真理，善于独立思考，坚持求真务实。

第三章　勇于担当、善于作为 …………………………… 60

干事担事，是干部的职责所在，也是价值所在。党把干部放在各个岗位上是要大家担当干事，而不是做官享福。改革发展稳定工作那么多，要做好工作都要担当作为。担当和作为是一体的，不作为就是不担当，有作为就要有担当。做事总是有风险的。正因为有风险，才需要担当。凡是有利于党和人民的事，我们就要事不避难、义不逃责，大胆地干、坚决地干。

第四章　坚持原则、敢于斗争 …………………………… 91

坚持原则是共产党人的重要品格，是衡量一个干部是否称职的重要标准。对共产党人来说，"好好先生"并不是真正的好人。奉行好人主义的人，没有公心、只有私心，没有正气、只有俗气，好的是自己，坏的是风气、是事业。共产党人讲党性、讲原则，就要讲斗争。在原则问题上决不能含糊、决不能退让，否则就是对党和人民不负责任，甚至是犯罪。大是大非面前要讲原则，小事小节中也有讲原则的问题。党的干部都要有秉公办事、铁面无私的精神，讲原则不讲面子、讲党性不徇私情。

当前，世界百年未有之大变局加速演进，中华民族伟大复兴进入关键时期，我们面临的风险挑战明显增多，总想过太平日子、不想斗争是不切实际的。要丢掉幻想、勇于斗争，在原则问题上寸步不让、寸土不让，以前所未有的意志品质维护国家主权、安全、发展利益。共产党人任何时候都要有不信邪、不怕鬼、不当软骨头的风骨、气节、胆魄。

第五章　严守规矩、不逾底线 ·························· 119

讲规矩、守底线，首先要有敬畏心。心有所畏，方能言有所戒、行有所止。干部一定要知敬畏、存戒惧、守底线，敬畏党、敬畏人民、敬畏法纪。严以修身，才能严以律己。一个干部只有把世界观、人生观、价值观的总开关拧紧了，把思想觉悟、精神境界提高了，才能从不敢腐到不想腐。我们共产党人为的是大公、守的是大义、求的是大我，更要正心明道、怀德自重，始终把党和人民放在心中最高位置，做一个一心为公、一身正气、一尘不染的人。

　　我们处在前所未有的变革时代，干着前无古人的伟大事业，如果知识不够、眼界不宽、能力不强，就会耽误事。年轻干部精力充沛、思维活跃、接受能力强，正处在长本事、长才干的大好时期，一定要珍惜光阴、不负韶华，如饥似渴学习，一刻不停提高。要发扬"挤"和"钻"的精神，多读书、读好书，从书本中汲取智慧和营养。要结合工作需要学习，做到干什么学什么、缺什么补什么。要学习马克思主义理论特别是新时代党的创新理论，学习党史、新中国史、改革开放史、社会主义发展史，学习经济、政治、法律、文化、社会、管理、生态、国际等各方面基础性知识，学习同做好本职工作相关的新知识新技能，不断完善履职尽责必备的知识体系。

　　实践出真知，实践长真才。坚持在干中学、学中干是领导干部成长成才的必由之路。同样是实践，是不是真正上心用心，是不是善于总结思考，收获大小、提高快慢是不一样的。如果忙忙碌碌，只是机械做事，陷入事务主义，是很难提高认识和工作水平的。

序言　努力成为可堪大用能担重任的栋梁之才

洪 向 华

2021年9月1日，习近平总书记在2021年秋季学期中央党校（国家行政学院）中青年干部培训班开班式上发表重要讲话强调，年轻干部生逢伟大时代，是党和国家事业发展的生力军，必须练好内功、提升修养，做到信念坚定、对党忠诚，注重实际、实事求是，勇于担当、善于作为，坚持原则、敢于斗争，严守规矩、不逾底线，勤学苦练、增强本领，努力成为可堪大用、能担重任的栋梁之才，不辜负党和人民期望和重托。

习近平总书记在这个重要讲话中实际上对年轻干部如何成长为可堪大用、能担重任的栋梁人才提出了六条标准或者说是六个方面的要求。这六个方面的要求不是孤立地并列排在一起的，而是有着内生的逻辑关系。每一个方面的要求都由两个词组成，这两个词也不是孤立地排在一起的，而是有着自身的逻辑关系。

一、信念坚定、对党忠诚

这是六个方面要求的基础和前提，也是年轻干部成为可堪大用、能担重任栋梁人才的逻辑起点。习近平总书记指出：理想信念

1

是中国共产党人的精神支柱和政治灵魂，也是保持党的团结统一的思想基础。只有理想信念坚定的人，才能始终不渝、百折不挠，不论风吹雨打，不怕千难万险，坚定不移为实现既定目标而奋斗。没有理想信念，精神上就会"缺钙"，就会得"软骨病"。对党忠诚，是共产党人首要的政治品质。我们党一路走来，经历了无数艰险和磨难，但任何困难都没有压垮我们，任何敌人都没能打倒我们，靠的就是千千万万党员的忠诚。

如果年轻干部信念不坚定，对党不忠诚，一切都免谈。即使有些信念不坚定、对党不忠诚的干部可能侥幸骗过组织和人民群众的信任走上了领导岗位，但他们出事是早晚的事。比如说，江苏省委原常委、政法委原书记王立科从未真正树立理想信念，从未对党忠诚老实，政治上毫无原则，丧失"四个意识"，参与在党内搞团团伙伙，为谋求个人职务晋升大搞政治投机、攀附贴靠，处心积虑对抗组织审查。可以看出，王立科从未真正树立理想信念，从未对党忠诚老实，最后受到查处，身陷囹圄。再比如，公安部原党委委员、副部长孙力军未真正树立理想信念，背弃"两个维护"，毫无"四个意识"，政治野心极度膨胀，政治品质极为恶劣，权力观、政绩观极度扭曲，妄议党中央大政方针，可以看出，孙力军从未真正树立理想信念，最终也是难逃法网。

信念坚定和对党忠诚也是紧密联系的。习近平总书记强调：理想信念坚定和对党忠诚是紧密联系的。理想信念坚定才能对党忠诚，对党忠诚是对理想信念坚定的最好诠释。也就是说，信念坚定不坚定决定着对党忠诚不忠诚，对党忠诚说明信念坚定，对党不忠诚说明信念不坚定。对党忠诚，是共产党人首要的政治品质。检验党员干部是不是对党忠诚，在革命年代就要看能不能为党和人民事业冲锋陷阵、舍生忘死，在和平时期表现为"四个能不能"：这就是能不能坚持党的领导，坚决维护党中央权威和集中统一领导，自觉在思想上政治上行动上同党中央保持高度一致；能不能坚决贯彻执行党的理论和路线方针政策，不折不扣把党中央决策部署落到实处；能不能严守党的政治纪律和政治规矩，做政治上的明白人、老实人；能不能坚持党和人民事业高于一切，自觉执行组织决定，服从组织安排，等等，年轻干部要以新时代对党忠诚的标准对照检查自己，切实做到对党忠诚，以此来验证自己坚定的理想信念。

二、注重实际、实事求是

这是对年轻干部的思想方法、工作方法、领导方法方面提出的要求。年轻干部要提高自身修养，才能做好各项工作，怎样才能履职尽责呢？这就要一切从实际出发，实事求是。注重实际、实事求是事实上是党的思想路线。党章规定，一切从实际出发，理论联系实际，实事求是，在实践中检验真理和发展真理。这是一条贯穿了辩证唯物主义和历史唯物主义的正确的思想路线。注重实际、实事求是要求年轻干部在工作中要从三个方面做好工作：一是从实际出发，尊重客观事实，通过深入周密的调查研究，认识和掌握事物运动的客观规律；二是要把马克思主义的普遍真理同本国的具体实际结合起来，把理论与实践紧密结合起来；三是要坚持实践是检验真理的唯一标准的观点，在实践中发现真理、检验真理和发展真理。把这三个方面的要求落实到工作中要求年轻干部充分尊重任职所在地的客观情况，想问题、作决策要汇集民智，问政于民、问需于民、问计于民；要珍惜民力，干什么事不能急于求成，竭泽而渔，不能寅吃卯粮，断了子孙后代的后路。虽然中央三令五申不能搞形象工程、政绩工程，但是还有不少地方领导干部为了在短期内尽快出政绩，往往花巨额财政资金打造的不是为民着想的民生工程，而是好看不中用的、难以促进地方经济的形象工程，由于这些工程一般缺乏严密的科学论证，仓促上马，最终成为豆腐渣工程或闲置工程。这些形象工程、政绩工程严重违反了客观规律而匆忙上马，同时也浪费了财力物力，侵害了人民群众的利益。

注重实际和实事求是也是辩证统一的关系。只有深入实际、了解实际，才能做到实事求是。不进行充分的调查研究，不了解实际情况，也掌握不了客观事物之间的规律，作出的决策可能就会失误。做到实事求是也恰恰印证了对客观实际情况的充分了解。在工作中我们看到，只要通过调查研究对实际情况了解清楚了，接够了"地气"，"天线"就能发出准确无误的信号。年轻干部在工作中要把注重实际和实事求是紧密结合起来，科学、民主、依法决策，做出经得起历史、实践、人民检验的政绩。

三、勇于担当、善于作为

这一要求在六个方面要求中是核心要求，也是年轻干部成为栋梁人才的本质要求。习近平总书记强调，干事担事，是干部的职责所在，也是价值所在。2018年11月26日，习近平总书记在十九届中央政治局第十次集体学习时的讲话中指出，干部敢于担当作为，这既是政治品格，也是从政本分。党的干部要以对党忠诚、为党分忧、为党尽职、为民造福的政治担当，以守土有责、守土负责、守土尽责的责任担当，面对大是大非敢于亮剑，面对矛盾敢于迎难而上，面对危机敢于挺身而出，面对失误敢于承担责任，面对歪风邪气敢于坚决斗争。2020年1月8日，习近平总书记在"不忘初心、牢记使命"主题教育总结大会上的讲话中指出，广大党员、干部要在经风雨、见世面中长才干、壮筋骨，练就担当作为的硬脊梁、铁肩膀、真本事，敢字为先、干字当头，勇于担当、善于作为，在有效应对重大挑战、抵御重大风险、克服重大阻力、解决重大矛盾中冲锋在前、建功立业。从习近平总书记关于担当作为的重要论述中可以看出，勇于担当、善于作为是对年轻干部的职责方面的要求。勇于担当、善于作为是党的干部必须具备的基本素质。"为官避事平生耻。"担当大小，体现着干部的胸怀、勇气、格调，有多大担当才能有多大作为。当前，有些年轻干部在担当作为方面还存在这样那样的问题。有的年轻干部"不会干事"，老办法不管用，新办法不会用，勇于面对、积极作为、敢于担当不足；有的年轻干部"不想干事"，因循守旧，不求有功但求无过，只要不出事，宁可不干事，当一天和尚撞一天钟；有的年轻干部"不愿干事"，认为反对"四风"使得无法与上级部门拉"关系"争取项目，无法与企业"套近乎"吸引投资；有的年轻干部"不多干事"，落实政策等待观望，不主动，推诿扯皮，上面着急，下面不着急，牵头部门着急，配合部门不着急，群众着急，干部不着急；有的年轻干部"不敢干事"，没有勇气突破利益固化的藩篱；有的年轻干部"不能干事"，习惯于当"复印机""传声筒"，以文件落实文件，以会议落实会议。

解决这些问题就要教育引导广大年轻干部深刻领会新时代、新思想、新矛盾、新目标提出的新要求，以时不我待、只争朝夕、勇立潮头的历史担当，努力改革创新、攻坚克难，不断锐意进取、担当作为。要教育引导广大干部不负党和人民重托，以守土有责、守土负责、守土尽责的责任担当，在其位、谋其政、干其事、求其效，努力作出无愧于时代、无愧于人民、无愧于历史的业绩。要教育引导各级领导干部切实发挥示范表率作用，带头履职尽责，带头担当作为，带头承担责任，一级带着一级干，一级做给一级看，以担当带动担当，以作为促进作为。

担当和作为是一体的，不作为就是不担当，有作为就要有担当。做事总是有风险的。正因为有风险，才需要担当。凡是有利于党和人民的事，我们就要事不避难、义不逃责，大胆地干、坚决地干。战争年代，敢担当才能打胜仗；和平年代，敢担当才能开新局。不担当不作为，不仅成不了事，而且注定坏事、贻误大事。党员干部作为党的事业的骨干，能否知责于心想干事、担责于身能干事、履责于行干成事，是检验其忠诚度、事业心和使命感的"试金石"。只有把勇于担当作为视为事业所需、使命所系、职责所在，在其位谋其政，任其职尽其责，不断砥砺新本领、实现新作为、展现新气象，才能在新起点上把党的事业不断推向前进。

四、坚持原则、敢于斗争

这一方面的要求是对年轻干部领导艺术方面提出的要求。习近平总书记指出，坚持原则是共产党人的重要品格，是衡量一个干部是否称职的重要标准。坚持原则和敢于斗争是辩证统一的关系。坚持原则必然要求和违反原则的事情去斗争，这样才能维护好原则。敢于斗争也不是盲目的，而是有方向的，斗争的方向就是我们不能突破的原则的底线。那么我们要坚持什么样的原则呢？斗争的方向又在何处？习近平总书记对此作了充分的论述。在党的十九大报告中，习近平总书记提出了"五个更加自觉"：全党要更加自觉地坚持党的领导和我国社会主义制度，坚决反对一切削弱、歪曲、否定党的领导和我国社会主义制度的言行；更加自觉地维护人民利益，坚决反对一切损害人民利益、脱离群众的行为；更加自觉地投身改革创新时代潮流，坚决破除一切顽瘴痼疾；更加自觉地维护我国主权、安全、发展利益，坚决反对一切分裂祖国、破坏民族团结和社会和谐稳定的行为；更加自觉地防范各种风险，坚决战胜一切在政治、经济、文化、社会等领域和自然界出现的困难和挑战。这"五个更加自觉"诠释了我们必须进行具有许多新的历史特点的伟大斗争的方向。习近平总书记要求全党要充分认识这场伟大斗争的长期性、复杂性、艰巨性，发扬斗争精神，提高斗争本领，不断夺取伟大斗争新胜利。

在 2019 年秋季学期中央党校（国家行政学院）中青年干部培训班开班仪式上，习近平总书记强调，共产党人的斗争是有方向、有立场、有原则的，大方向就是坚持中国共产党领导和我国社会主义制度不动摇。如何坚持大方向，习近平总书记进一步提出：凡是危害中国共产党领导和我国社会主义制度的各种风险挑战，凡是危害我国主权、安全、发展利益的各种风险挑战，凡是危害我国核心利益和重大原则的各种风险挑战，凡是危害我国人民根本利益的各种风险挑战，凡是危害我国实现"两个一百年"奋斗目标、实现中华民族伟大复兴的各种风险挑战，只要来了，我们就必须进行坚决斗争，而且必须取得斗争胜利。"五个凡是"的重要论述为斗争指明了方向、立场和原则，同时也再次擦亮了我们不能动摇的基本原则。

2020 年 9 月 3 日，习近平总书记在纪念中国人民抗日战争暨世界反法西斯战争胜利 75 周年座谈会强调指出，任何人任何势力企图歪曲中国共产党的历史、丑化中国共产党的性质和宗旨，中国人民都绝不答应；任何人任何势力企图歪曲和改变中国特色社会主义道路、否定和丑化中国人民建设社会主义的伟大成就，中国人民都绝不答应；任何人任何势力企图把中国共产党和中国人民割裂开来、对立起来，中国人民都绝不答应；任何人任何势力企图通过霸凌手段把他们的意志强加给中国、改变中国的前进方向、阻挠中国人民创造自己美好生活的努力，中国人民都绝不答应；任何人任何势力企图破坏中国人民的和平生活和发展权利、破坏中国人民同其他国家人民的交流合作、破坏人类和平与发展的崇高事业，中国人民都绝不答应。"五个'绝不答应'实际上是向世界宣告和昭示了中国人民的信心、决心和勇气，就是我们比以往任何时候都更加接近实现中华民族伟大复兴的目标，比以往任何时候都更有能力实现中华民族伟大复兴的目标，任何人、任何事件、任何国家都不能阻挡我们中国人民实现中华民族伟大复兴的历史步伐。"

从"五个更加自觉"到"五个凡是"再到"五个绝不答应"，反映了习近平总书记关于伟大斗争思想的一脉相承，也为年轻干部坚持原则、敢于斗争提供了根本遵循。

五、严守规矩、不逾底线

这一方面要求在六个要求中处于重要地位，它是年轻干部提高自身修养、成为栋梁人才的根本保证。干成事，出了事是贪官；未成事，出了事是昏官；未成事，未出事是庸官。不出事，干成事才是践行了初心和使命，才是对得起了党和人民的信任和重托。不出事是干成事的重要保证，怎样才能不出事呢？只有严守规矩、不逾底线才是正途。

中国共产党高度重视纪律和规矩。一靠理想，二靠纪律，才使中国共产党从一个只有58名共产党员和8个早期基层党组织的小党、弱党，成长为一个拥有 9500 多万名共产党员、486 万个基层党组织，在中国已长期连续执政 72 年，取得经济长期快速发展和社会长期稳定两大奇迹的伟大政党。所以纪律、规矩是我们党从胜利走向胜利的重要法宝和根本保证。严守规矩最核心就是严守党的政治纪律和政治规矩。要坚持党的领导，坚持党的基本理论、基本路线、基本纲领、基本经验，使广大党员和党组织同中央保持高度一致，自觉维护中央权威，从而维护党的团结统一。要把增强"四个意识"，坚定"四个自信"，做到"两个维护"，作为年轻干部要严守的"第一规矩"。

底线是做人做事做官的最低界限。底线不可逾越，越过了底线就可能一发不可收。干部的腐化堕落往往是从吃了一次饭、洗了一次脚等"小事"突破防线的。所以，年轻干部干事创业都要遵循底线，不能突破底线。在具体工作中的底线思维意味着年轻干部要客观地设定最低目标，立足最低点争取最大期望值。提高年轻干部底线思维能力，要求善于运用底线思维的方法，居安思危、未雨绸缪，凡事从最坏处着眼、向最好处努力，打有准备、有把握之仗，牢牢把握工作主动权，着力防范化解重大风险。习近平总书记强调：各种风险我们都要防控，但重点要防控那些可能迟滞或中断中华民族伟大复兴进程的全局性风险，这是我一直强调底线思维的根本含义。

对于年轻干部来说，纪律规矩是约束，也是保护；底线是警戒线，也是安全线。要始终严以修身、严格自律，强化纪律规矩意识，习惯在受监督和约束的环境中工作生活，不逾底线、远离红线，向着高标准努力，心无旁骛干事创业，在一心一意为党和人民事业奋斗中建功立业。

六、勤学苦练、增强本领

这一方面的要求提出了年轻干部提高自身修养，成为栋梁之才的根本途径。年轻干部提高自身修养，成为党和国家的栋梁之才，别无他途，唯有勤学苦练、增强本领。本领和能力不是一个人与生俱来的，也不是天上掉下来的，而是通过不断地勤学苦练才能进一步增强的。

勤学苦练、增强本领说到底就是做好学习和实践两件密不可分的大事。我们党历来重视学习，这是推动党和人民事业发展的一条成功经验。在每一个重大转折时期，面对新形势新任务，我们党总是号召全党同志加强学习；而每次这样的学习热潮，都能推动党和人民事业实现大发展大进步。习近平总书记指出：我们党依靠学习创造了历史，更要依靠学习走向未来。学习应该是全面的、系统的、富有探索精神的，既要抓住学习重点，也要注意拓展学习领域。要认真学习马克思主义基本理论，认真学习习近平新时代中国特色社会主义思想，不断补精神之钙、固思想之元、培为政之本。认真学习党的路线方针政策，学习党章党规和国家法律法规。加强对中国历史、党史国史、社会主义发展史和世界历史的学习，从历史中得到启迪、得到定力。这些既是领导干部开展工作要做的基本准备，也是很重要的政治素养。同时，还要坚持干什么学什么、缺什么补什么，结合工作需要学习经济、政治、文化、社会、生态、法律、科技、军事、外交等方面的知识，不断提高自己的知识化、专业化水平。

纸上得来终觉浅，绝知此事要躬行。实践中出真知。年轻干部工作时间短，工作经验少，当遇到复杂问题时有的人可能会手足无措，陷于被动。年轻干部要善于在实践中提升自己解决实际问题的能力。从党组织的角度来说，要把年轻干部及时放到一些急难险重的部门、岗位、地域去历练，这些部门、岗位、地域包括重大工程、信访部门、艰苦地区、边疆地区、社区农村等，这些部门、岗位、地域往往情况复杂、矛盾突出、困难积聚。如果年轻干部能够一个一个地解决这些问题，能力、本领势必会得到提高。对于年轻干部个人来讲，要提高自己解决实际问题的能力必须积极主动，遇事不回避，不绕着走，也不躲着走，而是主动迎难而上，虚心向人民群众请教，虚心向专家咨询，虚心向领导请示，以赢得支持，取得经验，获得知识。积尺寸之功，逐渐成长成熟，实现能力本领素质从量变到质变的转变。

第一章　信念坚定、对党忠诚

中国共产党成立一百年来，始终是有崇高理想和坚定信念的党。理想信念是中国共产党人的精神支柱和政治灵魂，对党忠诚是共产党人首要的政治品质，理想信念坚定和对党忠诚是紧密联系的。在2021年秋季学期中央党校（国家行政学院）中青年干部培训班开班式上，习近平总书记发表重要讲话强调，理想信念坚定才能对党忠诚，对党忠诚是对理想信念坚定的最好诠释。一代人有一代人的长征，一代人有一代人的担当。习近平总书记特别强调，做到信念坚定、对党忠诚是年轻干部生逢时代、创造伟业的内功之需、修养之为。党员干部要牢记，坚定理想信念是终身课题，需要常修常炼，要信一辈子、守一辈子；要真正做到信念坚定、对党忠诚，要深刻明白舍生忘死、冲锋陷阵是革命年代对党忠诚的标准；要深刻理解和平时期对党忠诚明确的检验标准，以忠诚干净担当的实际行动，在全面建设社会主义现代化国家新征程中奋勇争先、建功立业。

一、信念坚定

理想信念是中国共产党人的精神支柱和政治灵魂，也是保持党的团结统一的思想基础。中国共产党是始终有崇高理想和坚定信念的党，坚定理想信念是终身课题。习近平总书记强调，中国共产党成立一百年来，始终是有崇高理想和坚定信念的党。这个理想信念，就是马克思主义信仰、共产主义远大理想、中国特色社会主义共同理想。年轻干部生逢伟大时代，是党和国家事业发展的生力军。因此，年轻干部要始终牢记，坚定理想信念是终身课题，需要常修常炼，要信一辈子、守一辈子。同时，信念坚定才能补足精神之钙，铸牢理想之魂，永远保持党同人民群众的血肉联系，才能团结带领人民在第二个百年征程上为实现中华民族伟大复兴贡献智慧和力量。

（一）中国共产党是始终有崇高理想和坚定信念的党

坚定理想信念是共产党人的本。中国共产党之所以叫共产党，就是因为从成立之日起我们党就把共产主义确立为远大理想。中国共产党人不仅始终坚持马克思主义的真理信仰，而且始终坚持对共产主义远大理想的信念，以及对中国特色社会主义共同理想的信念。1848 年，马克思和恩格斯在《共产党宣言》中明确指出："共产党人不是同其他工人政党相对立的特殊政党。他们没有任何同整个无产阶级的利益不同的利益。他们不提出任何特殊的原则，用以塑造无产阶级的运动。"① "共产党人为工人阶级的最近的目的和利益而斗争，但是他们在当前的运动中同时代表运动的未来。"② 这部闪耀着真理光芒的马克思主义经典著作，石破天惊地阐明了无产阶级政党的远大理想，指出了共产主义社会的奋斗目标。当然，对于马克思主义产生的时代以及当前的时代来说，社会生产力还远没有达到能够立刻实现共产主义社会的条件，但共产主义理想并不是乌托邦，而是要经过漫长的社会生产力发展最终将会实现的远大理想。正如马克思所提出的，"无论哪一个社会形态，在它所能容纳的全部生产力发挥出来以前，是决不会灭亡的；而新的更高的生产关系，在它的物质存在条件在旧社会的胎胞里成熟以前，是决不会出现的。"③ "共产主义对我们来说不是应当确立的状况，不是现实应当与之相适应的理想。我们称为共产主义的是那种消灭现存状况的现实的运动。"④ 正是有了理想信念这个本，我们党才成为一个成熟的伟大的无产阶级政党，进而团结带领全国各族人民不断取得一个又一个伟大胜利。

中国共产党是用马克思主义武装起来的政党，马克思主义是中国共产党人理想信念的灵魂。2012 年 11 月 17 日，习近平总书记在十八届中共中央政治局第一次集体学习时的讲话指出："坚定理想信念，坚守共产党人精神追求，始终是共产党人安身立命的根本。对马克思主义的信仰，对社会主义和共产主义的信念，是共产

---

① 《马克思恩格斯文集》第四卷，人民出版社 2009 年版，第 3 页。
② 《列宁选集》第二卷，人民出版社 1995 年版，第 445 页。
③ 《马克思恩格斯文集》第二卷，人民出版社 2009 年版，第 592 页。
④ 《马克思恩格斯选集》第一卷，人民出版社 2012 年版，第 166 页。

党人的政治灵魂,是共产党人经受住任何考验的精神支柱。"①
2015年9月11日,习近平总书记在中央政治局第二十六次集体学习时,再次强调指出:"我们共产党人的根本,就是对马克思主义的信仰,对共产主义和社会主义的信念,对党和人民的忠诚。立根固本,就是要坚定这份信仰、坚定这份信念、坚定这份忠诚。"②
只有在立根固本上下足了功夫,才会有强大的免疫力和抵抗力。不忘初心,方得始终。对马克思主义的信仰,对社会主义和共产主义的信念,是共产党人的政治灵魂,是共产党人经受住各种考验的精神支柱。只有理想信念坚定的人,才能始终不渝、百折不挠,不论风吹雨打,不怕千难万险,坚定不移为实现既定目标而奋斗。据不完全统计,1921年至1949年,党领导的革命队伍中,有名可查的烈士就达370多万名。可以说,近代以来,为拯救民族于危亡时刻,出现了诸多党派、组织,但没有一个政党能像中国共产党这样,也没有一个组织的成员能够像共产党人这样,为了人民、为了民族、为了心中的理想、信仰与大义,付出如此巨大的流血和牺牲。中国共产党从创立之初,就明确了党的理想以及初心和使命,并始终用坚定的信念和信仰去实现这个理想以及初心和使命。在我党历史上有一位叫徐海东的开国大将,一共有66名亲人惨死在敌人之手,为革命献身,实属罕见。理想之光不灭,信念之光不灭。20世纪发生苏东剧变时,邓小平曾指出:"马克思主义是打不倒的。打不倒,并不是因为大本子多,而是因为马克思主义的真理颠扑不破。"③"我坚信,世界上赞成马克思主义的人会多起来的,因为马克思主义是科学。""不要惊慌失措,不要认为马克思主义消

---

① 《习近平关于全面从严治党论述摘编》,中央文献出版社2016年版,第57页。
② 《十八大以来重要文献选编》中,中央文献出版社2016年版,第676页。
③ 《改革开放三十年重要文献选编》上,人民出版社2008年版,第641页。

失了，没用了，失败了，哪有这回事!"① 2016 年 10 月 21 日，习近平总书记在纪念红军长征胜利 80 周年大会上的讲话，再次强调指出："长征胜利启示我们：心中有信仰，脚下有力量；没有牢不可破的理想信念，没有崇高理想信念的有力支撑，要取得长征胜利是不可想象的。"② 年轻干部要牢记，坚定理想信念是终身课题，需要常修常炼，要信一辈子、守一辈子。干部要成长，就必须用真理武装头脑，加强党性修养，筑牢信仰之基。要把对马克思主义的信仰、对中国特色社会主义的信念作为毕生追求，在各自岗位上顽强拼搏，不断把为崇高理想奋斗的实践推向前进。

理想信念是共产党人精神上的"钙"。2012 年 11 月 17 日，习近平总书记在十八届中共中央政治局第一次集体学习时的讲话中指出："形象地说，理想信念就是共产党人精神上的'钙'，没有理想信念，理想信念不坚定，精神上就会'缺钙'，就会得'软骨病'。"③ 2014 年 1 月 20 日，习近平总书记在党的群众路线教育实践活动第一批总结暨第二批部署会议上强调："理想信念是共产党人的精神之'钙'，必须加强思想政治建设，解决好世界观、人生观、价值观这个'总开关'问题。"④ 2015 年 6 月 12 日，习近平总书记在纪念陈云同志诞辰 110 周年座谈会上的讲话中指出："对马克思主义、共产主义的信仰，对社会主义的信念，是共产党人精神上的'钙'。没有理想信念，理想信念不坚定，精神上就会得'软

---

① 《十八大以来重要文献选编》中，中央文献出版社 2016 年版，第 40 页。
② 《十八大以来重要文献选编》下，中央文献出版社 2018 年版，第 397 页。
③ 《习近平关于全面从严治党论述摘编》，中央文献出版社 2016 年版，第 57 页。
④ 《习近平关于党的群众路线教育活动论述摘编》，党建读物出版社、中央文献出版社 2014 年版，第 40 页。

骨病'，就会在风雨面前东摇西摆。"① 中国共产党是一个有远大理想和坚定信念的政党，中国共产党的百年奋斗史就是坚守理想信念、砥砺前行、创造辉煌成就的百年践行史。回顾百年党史，我们党之所以历经百年而风华正茂、饱经磨砺而生生不息，关键在于有坚定的理想信念，并且有不计其数的坚定理想信念的共产党员。1921 年中国共产党成立后，不仅找到了实现人民解放与民族独立的科学真理——马克思主义，而且确立了正确的革命道路——新民主主义革命，使灾难沉重的中国人民有了主心骨，有了希望与依靠。从此，这个以马克思主义科学理论武装的无产阶级政党，以理想信念为精神上之"钙"的中国共产党，为了追求民族独立和人民解放，不惜流血牺牲，靠的就是坚定信仰，为的就是远大理想。从"砍头不要紧，只要主义真，杀了夏明翰，还有后来人"，到"为苏维埃新中国流尽最后一滴血"的陈树湘，从长征路上"风雨侵衣骨更硬，野菜充饥志越坚，官兵一致同甘苦，革命理想高于天"勇往直前视死如归的红军将士，到"恨不抗日死，留作今日羞。国破尚如此，我何惜此头"的吉鸿昌，再到朝鲜战场上"以钢少气多力克钢多气少"的志愿军……无数共产党员用流血和牺牲谱写了中国共产党人理想信念的动人乐章。历史和实践反复证明，一个政党有了远大理想和崇高追求，精神上就会受到极大的鼓舞，就会具有一往无前、不懈奋斗的巨大精神力量，就会坚强有力，无坚不摧，无往不胜，就能经受一次次挫折而又一次次奋起；一名干部有了坚定的理想信念，就能获取战胜一切困难和风险的无穷精神力量，就能坚持正确政治方向，做到"风雨不动安如山"。

---

① 习近平：《在纪念陈云同志诞辰 110 周年座谈会上的讲话》，人民出版社 2015 年版，第 6 页。

也正是因为一代代革命先辈，以坚强的信念、坚定的信仰、豪迈的气概，形成了以伟大建党精神为源头的中国共产党人精神谱系，在革命事业中前赴后继、舍生忘死，经过土地革命战争、抗日战争、解放战争，推翻了压在中国人民头上的帝国主义、封建主义、官僚资本主义"三座大山"，最终彻底实现了人民解放与民族独立，建立了社会主义新中国，彻底结束了近代以来中国内忧外患、积贫积弱的悲惨命运，为实现中华民族伟大复兴夯实了现实基础。

（二）坚定理想信念是终身课题

坚定理想信念是终身课题。理想信念是思想上的信仰、信念和信心，是实践行动的坚固指南，既不是与生俱来的，也不是瞬间习得的，需要在个人思想与实践活动中不断形成的。习近平总书记指出：形成坚定理想信念，既不是一蹴而就的，也不是一劳永逸的，而是要在斗争实践中不断砥砺、经受考验。年轻干部要牢记，坚定理想信念是终身课题，需要常修常炼，要信一辈子、守一辈子。在中国共产党的百年奋斗史中，一代又一代共产党人为了追求民族独立和人民解放，不惜流血牺牲，不惧艰难困苦，靠的就是理想信念，靠的就是在实践中一次又一次坚定这种理想信念并不断把这种理想信念传递下去。即便在当时的历史条件下，他们对于能否取得最终的胜利、能否把自己追求的理想信念变成现实，都是未知的，但他们在一次次与敌人的英勇斗争中，于错综复杂的形势环境分析中，砥砺前行、经受考验，不断夯实坚定理想信念之本。最终一代又一代人为之持续努力，一代又一代人为此作出牺牲的理想信念，最终没有辜负中国共产党人，同时，中国共产党人也没有辜负这个理想信念。党的十八大以来，中国特色社会主义进入新时代，新时代所面临的新条件、新挑战，无论是在政治环境、经济环境、文化环境还是意识形态环境等，都使党员干部尤其是年轻干部的理想信念面临着新的挑战。因此，习近平总书记提出"坚定理想信念是终身课题"这一重大理论阐述，对于党员干部积极应对来自理想信念领域的困难与挑战指明了方向，具有很强的针对性、现实性和指导性。

坚定的理想信念是无数共产党人在斗争实践中不断砥砺、经受考验的伟大结晶。实现伟大的理想，没有平坦的大道可走。不论革命战争年代的追求人民解放与民族独立的目标，还是和平建设时期的坚持和发展中国特色社会主义以及实现中华民族伟大复兴的中国梦，都是任重道远、需要几代人的前赴后继。而共产主义远大理想是需要人类社会物质生产力与精神生产力都达到极大丰富的条件下，才能实现的人类社会前所未有、更为壮丽的伟大事业，更需要几十代人乃至更多代人、更长久时间的奋斗。但是新中国成立后在中华大地上所建立的社会主义制度，以及改革开放后尤其是党的十八大以来，中国特色社会主义所取得的举世瞩目的历史性成就，已经足以证明共产主义并不是空中楼阁的乌托邦幻想。建党百年来，共产主义远大理想不仅已经印刻在无数共产党人的心中，也激励了无数共产党人为了这个理想而英勇斗争、终身不悔。百年来，许多共产党员正如陈云同志说的那样，"愿意献身共产主义事业"，"确定自己为共产主义的实现而奋斗到底的革命的人生观"。在革命战争时期的长征征途中，党和红军就是依靠坚定的理想信念和坚强的革命意志，一次次绝境重生，愈挫愈勇，最后取得了胜利，创造了难以置信的奇迹。习近平总书记指出，长征是一次理想信念的伟大远征。崇高的理想、坚定的信念，永远是中国共产党人的政治灵魂。中国共产党从成立之日起，就把共产主义确立为远大理想，始终团结带领中国人民朝着这个伟大理想前行。党和红军几经挫折而不断奋起，历尽苦难而淬火成钢，归根到底在于心中的远大理想和革命信念始终坚定执着，始终闪耀着火热的光芒。长征这条红飘带，是无数红军的鲜血染成的。艰难可以摧残人的肉体，死亡可以夺走人的生命，但没有任何力量能够动摇中国共产党人的理想信念。

理想信念是对党员干部的重要考验，需要常修常炼，要信一辈子、守一辈子。把坚定理想信念作为终身课题，意味着要终身至信而执着。理想因其远大而为理想，信念因其执着而为信念。信仰认定了，就要信上一辈子。"形成坚定理想信念，既不是一蹴而就的，也不是一劳永逸的，而是要在斗争实践中不断砥砺、经受考验。"对于年轻干部而言，把坚定理想信念作为终身课题，就要以先辈先烈为镜、以反面典型为戒，不断筑牢信仰之基、补足精神之钙、把稳思想之舵，以坚定的理想信念砥砺对党的赤诚忠心。"共和国勋章"获得者张富清，是始终践行共产主义崇高理想的优秀党员，是新时代中国共产党人不忘初心、牢记使命、永远奋斗的光辉典范，是广大党员、干部、部队官兵和退役军人学习的榜样。当今时代的党员干部，一是要学好这个"信"，就是要坚定信仰马克思主义这个为最广大人民谋利益、为拯救全人类而诞生的科学真理，要不断加强学习党的思想理论，特别是深入学习领悟习近平新时代中国特色社会主义思想，让真理武装我们的头脑，让真理指引我们的理想，让真理坚定我们的信仰，保持对远大理想和奋斗目标的清醒认知和执着追求。二是要学好这个"守"，要意识到我们的理想信念追求的是科学真理、遵循的是人类社会发展规律、代表的是最大多数人民的利益，是可信仰的，也是值得用一生去捍卫的。正如 1835 年 8 月 12 日马克思在其中学毕业论文中所写到的那样："如果我们选择了最能为人类福利而劳动的职业，那么，重担就不能把我们压倒，因为这是为大家而献身；那时我们所感到的就不是可怜的、有限的、自私的乐趣，我们的幸福将属于千百万人，我们的事业将默默地、但是永恒发挥作用地存在下去，面对我们的骨灰，高尚的人们将洒下热泪。"① 今天我们所从事的事业，是理想信念在新时代的具体体现，也是对中国人民乃至全人类社会发展都是最有益的事业。党的十八大以来，中国特色社会主义进入新时代。我们现在坚持和发展中国特色社会主义，不断深化改革开放，是以符合时代发展规律以及中国特色社会主义建设规律的步调，在不断地向着共产主义最高理想而开展的实实在在的实践活动与设定的阶段性目标。虽然今天我们处于和平年代，革命战争时期的悲惨境地与生死考验也已经不再是党员干部坚定理想信念的实践根基，但是新时代背景下新的伟大斗争依然对我们坚定理想信念提出了新的要求。当前，最核心的要求就是把坚持理想信念落到实处，落到党和国家的核心工作中去，始终保持对理想信念执着坚守与追求，把践行中国特色社会主义共同理想和坚定共产主义远大理想统一起来、同党带领人民正在做的事情统一起来，不为任何风险所惧，不为任何干扰所惑，全身心投入建设社会主义现代化国家的新征程。"本根不摇，则枝叶茂荣。"在新时代的伟大实践中，党员干部尤其是年轻干部恰逢其时，更需要坚定的理想信念，常修常炼，要信一辈子、守一辈子。因为，只有以坚定的理想信念投身于个人成长成才的实践活动中，投身于中国特色社会主义伟大实践以及实现中华民族伟大复兴的伟大事业中，始终坚持坚定理想信念、砥砺政治品格、锤炼过硬本领，真抓实干、奋楫争先，才会大有可为，也必将大有作为。

---

① 《马克思恩格斯全集》第 40 卷，人民出版社 1982 年版，第 7 页。

（三）以理论武装筑牢理想信念

坚定的理想信念，要坚持用党的创新理论武装头脑，确保党员干部保持对理想信念的清醒认知和执着追求。习近平总书记指出："中国共产党之所以叫共产党，就是因为从成立之日起我们党就把共产主义确立为远大理想。"① "全党同志一定要坚守共产党人精神家园，把改造客观世界和改造主观世界结合起来，切实解决好世界观、人生观、价值观问题，练就共产党人的钢筋铁骨，铸牢坚守信仰的铜墙铁壁，矢志不渝为中国特色社会主义共同理想而奋斗。"②

以理论武装筑牢理想信念，一要用马克思主义理论武装头脑，筑牢理想信念之基。中国共产党人的理想信念以马克思主义科学理论为基础，是理论武装的必然结果。习近平总书记指出："坚定的理想信念，必须建立在对马克思主义的深刻理解之上，建立在对历史规律的深刻把握之上。"③ 毛泽东曾说："《共产党宣言》，我看了不下一百遍，遇到问题，我就翻阅马克思的《共产党宣言》"。习近平总书记讲，中国共产党是《共产党宣言》精神的忠实传人。中国特色社会主义既坚持了科学社会主义基本原则，又根据时代条件赋予其鲜明的中国特色，是党的最高纲领和最低纲领的统一，与共产主义远大理想具有根本一致性，充分体现了中国社会发展的历史规律。要把学习贯彻党的创新理论作为思想武装的重中之重，同学习马克思主义基本原理贯通起来，同学习党史、新中国史、改革开放史、社会主义发展史结合起来，同新时代我们进行伟大斗争、

① 《十八大以来重要文献选编》下，中央文献出版社 2018 年版，第 347 页。
② 习近平：《在纪念陈云同志诞辰 110 周年座谈会上的讲话》，人民出版社 2015 年版，第 6 页。
③ 《习近平关于社会主义文化建设论述摘编》，中央文献出版社 2017 年版，第 96 页。

建设伟大工程、推进伟大事业、实现伟大梦想的丰富实践联系起来，在学懂弄通做实上下苦功夫，在解放思想中统一思想，在深化认识中提高认识，切实增强贯彻落实的思想自觉和行动自觉。习近平新时代中国特色社会主义思想涵盖改革发展稳定、内政外交国防、治党治国治军各个方面，是内涵丰富、系统完备、逻辑严密的科学理论体系，是当代中国马克思主义、21世纪马克思主义，是党和国家必须长期坚持的指导思想。因此，全党要深入学习习近平新时代中国特色社会主义思想，不断提高马克思主义思想觉悟和理论水平，保持对远大理想和奋斗目标的清醒认知和执着追求。此外，面对意识形态领域的复杂局面，我们要坚持好马克思主义在意识形态领域指导地位的根本制度。这一根本制度是我们党对马克思主义意识形态理论的创新性发展所取得的重大制度成果。当前，我们贯彻落实这一制度成果，第一要求就是要把习近平新时代中国特色社会主义思想贯彻落实到党和国家的各项事业、各项工作之中，尤其是在意识形态领域，要牢牢把握党对意识形态的领导权、管理权和话语权。意识形态工作能否牢牢掌握在党和人民手中，直接关系到社会主义现代化建设能否沿着社会主义方向前进，甚至关系到党和国家的生死存亡。在这个时间节点上，我们提出这一根本制度，足以证明意识形态工作的重要性、紧迫性。在党的领导下，各宣传阵地要严格认真贯彻落实好《党委（党组）意识形态工作责任制实施办法》，用马克思主义最新理论成果武装全党、教育人民，巩固马克思主义在意识形态领域的指导地位，巩固全党全国人民团结奋斗的共同思想。

二要用中国共产党的百年奋斗史武装头脑，坚定理想信念。习近平总书记参加十三届全国人大四次会议青海代表团审议时强调，在党史学习教育中，要充分运用红色资源，教育引导广大党员、干部坚定理想信念、筑牢初心使命。全党要高度重视，提高思想站位，立足实际、守正创新，高标准高质量完成学习教育各项任务。我们要牢记习近平总书记教诲，重点学习党史，同时学习新中国史、改革开放史、社会主义发展史，做到学史明理、学史增信、学史崇德、学史力行，做到学党史、悟思想、办实事、开新局。党的百年历史中，是中国共产党人不忘初心、砥砺奋进的一百年，也是中国共产党人以理想信念为指引，不断创造辉煌成就的一百年，深刻阐明了中国共产党为什么能、马克思主义为什么行、中国特色社会主义为什么好的道理。坚定理想信念，就要从党史学习中进一步深刻认识理想信念是什么、坚定理想信念为什么，从红色基因中汲取强大的信仰力量，永志不忘先辈们为之流血牺牲的伟大理想，继承和发扬一代代共产党人为了理想信念接续奋斗、甘于奉献、敢于牺牲的伟大精神，真正成为百折不挠、终生不悔的马克思主义战士，自觉做共产主义远大理想和中国特色社会主义共同理想的坚定信仰者、忠实实践者。现在，向第二个百年奋斗目标进军的号角已经吹响。在新的历史起点上，年轻干部要自觉以习近平新时代中国特色社会主义思想武装头脑、指导实践、推动工作，牢记初心使命，坚定理想信念，砥砺政治品格，锤炼过硬本领，以忠诚干净担当的实际行动，在全面建设社会主义现代化国家新征程中奋勇争先、建功立业。

以理论武装筑牢理想信念之基，还要经常对照党章党规党纪，检视自己的理想信念和思想言行，不断掸去思想上的灰尘，永葆政治本色。强化党章意识和纪律意识，是对党员干部坚定理想信念的底线要求，也是本质规定性的要求。纪律意识不会自然养成，必须通过不断学习增强，才能使党的纪律要求内化于心外化于行。尊崇遵守党章党规党纪，是党员的立身之本、立命之本，也是党员干部纯洁思想、增强党性修养、筑牢理想信念之基础的起点和基础。"加强纪律性,革命无不胜"是我们党不断获得前进力量的重要保证。"不以规矩,不能成方圆。"我们党是靠革命理想和铁的纪律组织起来的马克思主义政党,纪律严明是党的优良传统和独特优势,是我们党不断从胜利走向胜利的坚强保证。党章党规是一把刻着"严"字的标尺,也是一面印有"实"字的镜子,党员干部必须深学、细思、笃行,把党章这个总纲领时时刻刻放在心中,把党规党纪这把利剑悬在心头。党章是党的最高行动纲领,凝结着百年砥砺奋进、不断增强党的建设奋斗历程的成功经验和优良传统;党规党纪既是党员干部不可逾越的高压线,也是一堵挡风的墙,是党员干部必须守住的思想和行动防线。党员干部一旦突破了党章党规党纪的戒条与约束,就会丧失作为中国共产党人的本质属性,也最终会失去对理想信念的坚守,届时将会站在党和人民的对立面。增强纪律意识,就是要认真对照党章党规党纪自查思想行为,及时修枝剪叶、涤荡心灵。党员干部要时刻紧绷纪律规矩这根弦,守住慎独慎初慎微的关口,做到心有所畏、言有所戒、行有所止。因此,党员干部在日常工作与日常学习中,必须把党章党规作为必修课,用好思想建党这个优良传统。要把党章党规党纪作为党员干部教育和培训的重要内容,使党员干部思想意识具有源源不断的纪律意识滋养、使理想信念"钙"具有生生不息的纪律之源。

二、对 党 忠 诚

对党忠诚就是要坚守马克思主义政党的阶级立场和政治立场。中国共产党是中国工人阶级的先锋队,同时是中国人民和中华民族的先锋队,是全心全意为人民服务的党。邓小平同志指出,"忠诚就是将全部真情率直而老实地向党坦白出来，就是要忠实于党的事业，忠实于人民的事业。"① 习近平总书记指出：对党忠诚，是共产党人首要的政治品质。我们党一路走来，经历了无数艰险和磨难，但任何困难都没有压垮我们，任何敌人都没能打倒我们，靠的就是千千万万党员的忠诚。对党忠诚，必须一心一意、一以贯之，必须表里如一、知行合一，任何时候任何情况下都不改其心、不移其志、不毁其节。年轻干部要自觉加强政治历练，接受严格的党内政治生活淬炼，不断提高政治判断力、政治领悟力、政治执行力，使自己的政治能力同担任的工作职责相匹配。要立志为党分忧、为国尽责、为民奉献，勇于担苦、担难、担重、担险，以实际行动诠释对党的忠诚。"对党绝对忠诚要害在'绝对'两个字，就是唯一的、彻底的、无条件的、不掺任何杂质的、没有任何水分的忠诚。"② "检验一个干部理想信念坚定不坚定，就看他能不能为党和人民事业舍生忘死，能不能冲锋号一响立即冲上去，这样的检验很直接。"③ 年轻干部要立志为党分忧、为国尽责、为民奉献，勇于担苦、担难、担重、担险，以实际行动诠释对党的忠诚。任何时候、任何情况下都要树牢"四个意识"，坚定"四个自信"，坚决做到"两个维护"，真正把对以习近平同志为核心的党中央的绝对忠诚贯彻在实际工作中，体现在具体行动上。

（一）舍生忘死、冲锋陷阵是革命年代对党忠诚的标准

对党忠诚是革命战争时期中国共产党作为无产阶级政党的鲜明

---

① 《邓小平年谱（一九〇四——一九七四）》中卷，中央文献出版社 2009 年版，第 842 页。
② 《十八大以来重要文献选编》中，中央文献出版社 2016 年版，第 197 页。
③ 《十八大以来重要文献选编》上，中央文献出版社 2014 年版，第 340 页。

特征，也是党一以贯之的一条重要政治标准。早在成立初期，中国共产党就把对党忠诚作为党员加入党组织成为党的一员的一条重要标准。中国共产党第一次代表大会讨论并通过的《中国共产党的第一个纲领》，就明确规定申请入党者必须为"凡承认本党纲领和政策，并愿成为忠实党员的人"，①"在党处于秘密状态时，党的重要主张和党员身分应保守秘密"②。并对党员纪律做了明确要求："在加入我们队伍之前，必须与企图反对本党纲领的党派和集团断绝一切联系。这正是在吸取前期无政府主义者退党教训的基础上作出的明确规定。"③ 党的二大规定申请入党者必须"承认本党宣言及章程并愿忠实为本党服务"。1927 年 5 月，党章将入党标准进一步完善为，"承认本党党纲及章程，服从党的决议，参加在党的一定组织中工作并缴纳党费"。④ 党的五大通过的《组织问题决议案》中强调，"党内纪律非常重要，但宜重视政治纪律"。⑤ 1949 年 9 月，邓小平同志在中共南京市支部书记及部队排以上干部党员大会上专门作了《论忠诚与老实》的报告，指出："'忠诚'就是将全部真情率直而老实地向党坦白出来，就是要忠实于党的事业，忠实于人民的事业。"⑥ 这些最初的规定，一直被中国共产党延续了下来。2017 年 10 月 24 日，中国共产党第十九次全国代表大会通过

---

① 《建党以来重要文献选编（1921—1949）》第一册，中央文献出版社 2011 年版，第 1 页。

② 《建党以来重要文献选编（1921—1949）》第一册，中央文献出版社 2011 年版，第 2 页。

③ 《建党以来重要文献选编（1921—1949）》第一册，中央文献出版社 2011 年版，第 1 页。

④ 《建党以来重要文献选编（1921—1949）》第四册，中央文献出版社 2011 年版，第 267 页。

⑤ 《建党以来重要文献选编（1921—1949）》第四册，中央文献出版社 2011 年版，第 208 页。

⑥ 《邓小平年谱（一九〇四——一九七四）》中卷，中央文献出版社 2009 年版，第 842 页。

了关于《中国共产党章程（修正案）》的决议，其中把对党忠诚进行了进一步详细描述："维护党的团结和统一，对党忠诚老实，言行一致，坚决反对一切派别组织和小集团活动，反对阳奉阴违的两面派行为和一切阴谋诡计。"① 这些规定不仅在思想上对党员做了严格要求，也在行动上做了严格规范和要求，要求党员在思想上和行动上都要始终忠于党的纲领、党的政策、党的领导。加入中国共产党，面对鲜红的党旗庄严宣誓，便意味着作出了坚定共产主义信仰的政治选择，作出了铁心跟党走、九死而不悔的郑重承诺。

革命战争年代，无数中国共产党人视死如归、英勇奋斗，用对党忠诚、永不叛党的誓言诠释了坚定执着的理想信念。"红岩上红梅开，千里冰霜脚下踩；三九严寒何所惧，一片丹心向阳开。"这句诗来自小说《红岩》，而这首诗的原型是江竹筠，她的名字更多的是以江姐流传于我们党的奋斗史中。1939 年，江竹筠考入重庆的中国公学，秘密加入了共产党。1945 年，负责中共重庆市委地下刊物《挺进报》的组织发行工作，在几个月的发行量就发展到 1600 份，引起敌人的极大恐慌。1948 年 6 月 14 日，由于叛徒出卖，江姐不幸被捕，被关押在重庆渣滓洞监狱。国民党军统特务用尽各种酷刑：老虎凳、辣椒水、吊索、带刺的钢鞭、撬杠、电刑，甚至残酷地将竹签钉进她的十指，急欲从这个年轻的女共产党员身上打开缺口，破获领导川东暴动的党组织和重庆中共地下党组织。面对敌人惨无人道的酷刑摧残和死亡威胁，江姐始终坚贞不屈，"你们可以打断我的手，杀我的头，要组织是没有的"。"毒刑拷打，那是太小的考验。竹签子是竹子做的，共产党员的意志是钢铁！"敌人毫无办法，只能将她关押在监狱以待继续审讯寻求突

---

① 《十二大以来重要文献选编》上，人民出版社 1986 年版，第 69 页。

破。江竹筠则借此机会巧妙领导狱中难友同敌人展开坚决斗争，使监狱里的地下党组织充分发挥战斗堡垒作用。1949 年 11 月 14 日重庆解放前夕，江竹筠被国民党特务残忍杀害，年仅 29 岁。江姐在政治上坚定共产主义信仰，把实现共产主义作为自己的最高理想，并且在面对惨无人道的酷刑之时，毅然决然以牺牲生命捍卫了党的事业，用实际行动证明了自己对党的无比忠诚。

"生的伟大，死的光荣"的刘胡兰，用舍生忘死、不惧流血诠释了共产党人对党的忠诚、对革命的忠诚。刘胡兰，1932 年出生在山西省文水县云周西村一个贫苦农民家庭，小小年纪，便对黑暗的旧社会产生了强烈的不满。1942 年，文水平川第一支儿童团在云周西村成立，10 岁的刘胡兰担任了儿童团团长。1945 年底担任村妇救会秘书，1946 年成为中国共产党候补党员。1946 年秋天，国民党阎锡山军队"扫荡"平川。为了保存有生力量，中共文水县委根据上级指示，决定留少数干部组织武工队，坚持敌后斗争，其余大批干部转移上山，刘胡兰也接到上山的通知。可是，刘胡兰说："我人熟、地熟，还是让我留下来坚持斗争吧！"此后，小小的刘胡兰便承担起来把标语、传单、文件秘密送到附近村里的党组织。1947 年，由于叛徒的出卖，刘胡兰还没来得及动身转移，就被敌人抓捕。1947 年 1 月 12 日，刘胡兰在敌人的威逼利诱下毫不畏惧、视死如归，牺牲在铡刀之下，年仅 15 岁。1947 年 3 月下旬，毛泽东带领中共中央机关正在转战陕北途中，中共中央书记处书记任弼时向他汇报了刘胡兰英勇就义的事迹。毛泽东问："她是党员吗?"任弼时说："是个优秀共产党员，才 15 岁。"毛泽东深受感动，挥笔写下了"生的伟大，死的光荣"8 个大字。她以短暂的青春年华，谱写出对党忠诚、舍生忘死的不朽人生诗篇。

还有从容就义前给妻子留下诀别书"坚持革命继吾志，誓将真理传人寰"的夏明翰；对党"公忠不可忘"的先驱杨匏安；"碧血洒宝岛，丹心向北明"，狱中写下"凭将一掬丹心在，泉下差堪对我翁"的吴石；身陷敌人牢狱写下遗书："我在死前一分钟都要为无产阶级工作"的金方昌；等等。在革命战争年代，生死就在一瞬间。据民政和组织部门统计，从1921年7月1日到1949年10月1日，可以查到姓名牺牲的中共党员就有370多万，也就是说，在革命的战火里，平均每天就有370名中国共产党人献出了生命。据统计，新中国成立初期全国党员人数才只有440多万人。李大钊、方志敏、叶挺、左权、赵一曼、江竹筠、刘胡兰、董存瑞、夏明翰、恽代英、方志敏、瞿秋白等一大批革命英烈，这一个个中国共产党人"捐躯赴国难，视死忽如归"，以其坚贞不屈、慷慨就义的英雄事迹诠释了党员对党忠诚的深刻内涵，以鲜血和生命践行了对党和人民的忠诚，他们为人民解放事业和新中国建设奋斗终生，对党和人民事业无限忠诚，在关系党和国家前途命运的关键时刻和重大问题上坚持原则，立场坚定，旗帜鲜明，始终坚持"革命理想高于天"，用生命捍卫对党绝对忠诚，为社会主义革命、建设、改革事业建立了不可磨灭的历史功勋。

（二）深刻理解和平时期对党忠诚明确的检验标准

不同历史时期，根据党和人民事业发展的需要以及时代发展的需要，党员干部对党忠诚的具体标准是不一样的。因为在不同的历史时期，因党所处的历史方位以及执政环境的变化，对党忠诚的检验标准是具有时代性、差异性的，要深刻理解和平时期对党忠诚明确的检验标准。新中国成立以来，中华民族彻底摆脱了屈辱、战争与流血牺牲的革命战争年代，中国进入了和平建设社会主义现代化国家的崭新历史阶段。尤其是改革开放伟大战略决策的实施，和平与发展已经成为时代主流。党和国家发展的历史方位、社会环境、核心任务都发生了与革命战争年代所不同的根本性变化，加之社会意识形态领域的纷繁复杂，影响党员忠诚度的因素不断增多，因此革命战争时期的检验党员是否对党忠诚的标准也与时俱进地发生了变化。1980年2月召开的中共十一届五中全会通过了《关于党内政治生活的若干准则》，其中就直接对党员忠诚提出了明确要求，其中第三部分维护党的集中统一，严格遵守党的纪律，以及第四部分坚持党性，根绝派性，都着重强调了对党忠诚的具体行为标准，"共产党员应该忠于党的组织和党的原则，不应该效忠于某个人。任何人不得把党的干部当做私有财产，不得把上下级关系变成人身依附关系。"① 在此基础上，十二大党章把"中国共产党党员必须全心全意为人民服务，不惜牺牲个人的一切，为实现共产主义奋斗终身"② 的规定提出来了。新时代党的建设与发展有新变化、新发展，也同时具有新要求，因此，对党员干部如何始终做到对党忠诚也提出了新的检验标准。习近平总书记在2021年秋季学期中央党校（国家行政学院）中青年干部培训班上发表的重要讲话中对此做了深刻阐述，和平建设时期，虽然不那么直接明了，但也有明确的检验标准。能不能坚持党的领导，坚决维护党中央权威和集中统一领导，自觉在思想上政治上行动上同党中央保持高度一致；能不能坚决贯彻执行党的理论和路线方针政策，不折不扣把党中央决策部署落到实处；能不能严守党的政治纪律和政治规矩，做政治上的明白人、老实人；能不能坚持党和人民事业高于一切，自觉执行组织决定，服从组织安排；等等。这四个"能不能"，彰显了习近平总书记对党员干部在和平年代做到对党忠诚的严格要求和深切期

① 《改革开放三十年重要文献选编》上，人民出版社2008年版，第128页。
② 《十二大以来重要文献选编》上，人民出版社1986年版，第69页。

待，也体现了新时代对"对党忠诚"这四个字的全新解读。深刻理解和平时期对党忠诚明确的检验标准，为和平年代，党员干部践行初心、担当使命，心中时刻想着群众、装着群众，多为群众谋福利，自觉以习近平新时代中国特色社会主义思想武装头脑、指导实践、推动工作，在思想上政治上行动上同以习近平同志为核心的党中央保持高度一致，为做到政治信仰不变色、政治立场不动摇、政治方向不偏移提供了方向指南和实践要求。

1. 能不能坚持党的领导，坚决维护党中央权威和集中统一领导，自觉在思想上政治上行动上同党中央保持高度一致

全面增强党的政治领导力，第一位的是要有一个坚强的领导核心。毛泽东在党的七大预备会议上指出："要知道，一个队伍经常是不大整齐的，所以就要常常喊看齐，向左看齐，向右看齐，向中看齐。我们要向中央基准看齐，向大会基准看齐。看齐是原则，有偏差是实际生活，有了偏差，就喊看齐。"① 毛泽东这里所指的"看齐""向中看齐"，本质上就是讲要有一个党中央核心可以使全党同志、全国人民得以围绕。全党同志尤其是党的领导干部，只有在思想上行动上时刻与党中央保持高度一致，才能团结一致，为共同的事业而不懈奋斗。党的十八大以来，形成了以习近平同志为核心的党中央领导集体，这是新时代条件下党和国家各项事业发展的坚强领导核心。"带头做到'两个维护'，从根本上讲就是要做到对党忠诚。忠诚必须体现到对党的信仰的忠诚上，体现到对党组织的忠诚上，体现到对党的理论和路线方针政策的忠诚上。对党忠诚必须始于足下。如果连本职工作都没做好，不担当不作为，把党组

_____

① 《毛泽东文集》第三卷，人民出版社 1996 年版，第 297—298 页。

织交给的'责任田'撂荒了甚至弄丢了，那就根本谈不上'两个维护'！"由此，《中国共产党纪律处分条例》鲜明地指出，要坚决维护习近平总书记党中央的核心、全党的核心地位，坚决维护党中央权威和集中统一领导。以上分析可以看出，在中国特色社会主义新时代，衡量党员是否对党忠诚，最关键的就是要增强"四个意识"、坚定"四个自信"、做到"两个维护"，严守党的政治纪律和政治规矩，始终在政治立场、政治方向、政治原则、政治道路上同党中央保持高度一致，保证党的决定得到迅速有效的贯彻执行。这种一致必须是发自内心、坚定不移的，任何时候任何情况下都要站得稳、靠得住。

围绕"两个维护"，不断增强对党忠诚的定力、毅力。一要保证党中央有一锤定音的权威。全体党员干部要增强政治意识、大局意识、核心意识、看齐意识，切实做到对党忠诚、为党分忧、为党担责、为党尽责，自觉在思想上政治上行动上同党中央保持高度一致。要时刻对标对表，确保党的各级组织和全体共产党员具备坚定的政治信仰，坚持正确的政治方向，坚持政治原则，站稳政治立场，保持政治清醒和政治定力，扎实地把党中央部署的各项任务落到实处；在历史和现实、理论和实践、国内和国际的结合上，切实做到在思想上认同核心、在政治上围绕核心、在组织上服从核心、在行动上维护核心，全面增强和提升党的政治领导力。二要严格执行重大问题请示报告制度，保持对党忠诚的毅力。严格执行请示报告制度是坚持和加强党的全面领导的必然要求，是贯彻民主集中制的重要举措，是坚决做到"两个维护"的实际行动，是推动全面从严治党向纵深发展的现实要求，也是确保党员干部对党忠诚的重要制度安排。2019年，中共中央印发了《中国共产党重大事项请示报告条例》，指出，请示报告制度是党的一项重要政治纪律、组织纪律、工作纪律，是执行民主集中制的有效工作机制，是坚决维护习近平总书记党中央的核心、全党的核心地位，坚决维护党中央权威和集中统一领导，保证全党团结统一和行动一致的重要制度安排。党的十八届六中全会指出：党的各级组织和全体党员必须对党忠诚老实、光明磊落，说老实话、办老实事、做老实人，如实向党反映和报告情况，反对搞两面派、做"两面人"。因此，党员干部只有按照全面从严治党的要求，严格执行重大问题请示报告制度，说老实话、办老实事、做老实人，才能更加自觉地在政治定力上、领导方法上、工作作风上、执政为民上向党中央看齐，把自觉看齐、保持一致体现到实际行动上。

2. 能不能坚决贯彻执行党的理论和路线方针政策，不折不扣把党中央决策部署落到实处

严格贯彻执行党的路线方针政策和决议、党中央重大决策部署和习近平总书记重要指示批示，夯实对党忠诚的能力。要教育引导党员干部从历史和现实、理论和实践、国内和国际的结合上深刻认识、强化认同，党中央提倡的坚决响应、党中央决定的坚决执行、党中央禁止的坚决不做。对"两个维护"只有真正做到理性认同、情感认同，才能全面提高做到"两个维护"的定力、毅力与能力。邓小平同志曾指出："一个自觉的革命者无论何时何地，在何种情况下，都要做到忠诚老实，对党要忠诚，要老老实实地说话，老老实实地办事，老老实实地做人。"陈云同志在《党员对党要忠实》一文中提出："我们共产党是言行一致的政党，而且只有共产党才能言行一致。我们共产党内也不允许有对党言行不一致的党员，不允许任何党员对党讲一句假话。"① 刀要在石上磨、人要在事上练，

---

① 《陈云文选》第一卷，人民出版社 1995 年版，第 201 页。

对党忠诚同样需要大风大浪的考验。当前，世界百年未有之大变局加速演进，中华民族伟大复兴进入关键时期，年轻干部必须做好斗争准备，加强斗争历练，做敢于斗争的表率。越是困难大、矛盾多的地方，越能砥砺品质、锤炼作风，越能检验出一个人的忠诚和担当。在干事创业、贯彻落实党的政策决议时，要敢作敢为、亲力亲为、善作善为，发扬硬作风、敢啃硬骨头，以担当诠释忠诚，以实绩彰显价值。为党尽忠、为民服务，恪尽职守、夙夜在公，以自己的全部智慧和心血，做出无愧于历史、无愧于时代、无愧于人民的业绩。忠诚，在思想上、政治上、行动上、工作上表现为对党、国家和人民及其事业坚决服从的态度，遵从党的意志，听从党的决定，服从党的安排，坚决抵制干部队伍中存在的"两面派""中梗阻"。如此才能在认真贯彻落实党的路线方针政策，能把人民群众关心的问题和利益放在心上，能真正用好人民赋予的权力，始终确保自身能够在干事创业中，做到光明磊落、胸怀坦荡、不为所动，对党忠诚。

3. 能不能严守党的政治纪律和政治规矩，做政治上的明白人、老实人

党的纪律和党内规矩是党的各级组织和全体党员必须遵守的行为规范和规则，是党的生命线。在十八届中央纪委五次全会上，习近平总书记强调指出，要严明政治纪律和政治规矩，加强纪律建设，把守纪律讲规矩摆在更加重要的位置，并且明确提出了遵守政治纪律和政治规矩的"五个必须"要求，即：必须维护党中央权威，在任何时候任何情况下都要在思想上政治上行动上同党中央保持高度一致；必须维护党的团结，坚持五湖四海，团结一切忠实于党的同志；必须遵循组织程序，重大问题该请示的请示，该汇报的汇报，不允许超越权限办事；必须服从组织决定，决不允许搞非组

织活动，不得违背组织决定；必须管好亲属和身边工作人员，不得默许他们利用特殊身份谋取非法利益。把能不能严守党的政治纪律和政治规矩，做政治上的明白人、老实人作为和平时代检验党员干部是否对党忠诚的标准，要做好以下两点分析。一方面是党的政治建设是党的根本性建设，是确保能不能严守党的政治纪律和政治规矩，做政治上的明白人、老实人，确保对党忠诚的根本性建设。严守政治纪律和政治规矩，做政治上的明白人、老实人，必须坚持政治生活、政治文化、政治生态一体建设，发扬自我革命精神和斗争精神，不断自我净化、自我完善、自我革新、自我提高。能不能严守党的政治纪律和政治规矩，做政治上的明白人、老实人，是要以实际行动维护党的政治建设，以政治建设为依托，在思想上行动上与党的纪律和规矩要求保持一致。党的十九大报告指出，新时代党的建设，要以党的政治建设为统领，把党的政治建设摆在首位，党的政治建设是党的根本性建设，决定党的建设方向和效果。党的政治建设的鲜明目的就是要讲政治、用政治、信政治，因此，政治建设也必然地要把党的政治领导力囊括其中，只有坚强的政治领导力，才能确保党员干部在遵守政治纪律与政治规矩时始终不迷失方向、不改旗易帜，这是一个双向互动的关系。党的政治领导力是党在国家和社会发展中定方向、谋大局、定政策、促改革中所展现出来的政治领导力、政治影响力、政治引领力。因此，增强和平时代对党忠诚的能力、严守党的政治纪律和政治规矩，党员干部要增强牢牢抓住政治建设这个灵魂和根基的思想意识，以党的政治建设为统领，保证全党服从中央，坚持党中央权威和集中统一领导，确保全党坚定执行党的政治路线，严格遵守政治纪律和政治规矩，在政治立场、政治方向、政治原则、政治道路上同党中央保持高度一致。其次，党员干部严守政治纪律和政治规矩，要经常对标对表、及时校准偏差，坚决同一切背离党的纪律和规矩的思想和行为作斗争，不断自我净化、自我完善、自我革新、自我提高，在斗争中锻炼和增强政治领导力，增强践行对党忠诚的觉悟能力与执行能力。2018年6月29日，习近平总书记在主持十九届中央政治局第六次集体学习的讲话中，讲了一个长征中的故事，令人深省。他说，红军过草地的时候，伙夫同志一起床，不问今天有没有米煮饭，却先问向南走还是向北走。① 这个故事意在说明，在当年红军队伍里，即使是一名炊事员，也懂得"方向"问题以及纪律意识是至关重要的问题。放在今天，就是要告诫我们，在党和国家的一切事业中，政治方向问题是至关重要的，政治纪律和政治规矩是内在的政治要求。另一方面是能不能严守党的政治纪律和政治规矩，做政治上的明白人、老实人，是马克思主义执政党的根本要求。党的十八大以来，我们党比过去任何时候都更加重视严明政治纪律和政治规矩。遵守党的政治纪律和政治规矩，是遵守党的全部纪律和规矩的基础，是坚持党的政治立场、政治原则和政治方向的前提，是提高党的领导水平和执政水平、增强党的拒腐防变和抵御风险能力的关键。只有政治上清醒，才能有行动上的自觉；只有政治上坚定，才能经得住各种考验。我们党是靠革命理想和铁的纪律组织起来的马克思主义政党，政治纪律严明是党的光荣传统和独特优势。对此，习近平总书记多次强调，政治纪律是最重要、最根本、最关键的纪律，遵守党的政治纪律是遵守党的全部纪律的重要基础，干部在政治上出问题，对党的危害不亚于腐败问题；谁都不能拿政治纪律和政治规矩当儿戏。显而易见，从政治纪律和政治规矩看问题，就是告诫我们要具有政治意识，把准政治方向，方可维持统治、开展实

① 习近平：《增强推进党的政治建设的自觉性和坚定性》，《求是》2019年第14期。

践。中国共产党人继承了这一优良传统，并把其贯穿于党领导的革命、建设、改革事业的始终，于实践中淬炼、于理论中升华、于群众中见证。因此，每一个共产党员都要通过深入学习党章，牢固树立党章意识，自觉把党章党规党纪作为根本的行为准则，用党章党规党纪规范自己的言行，把遵守党的政治纪律和政治规矩落实到自己的全部工作中去，不论在什么地方、在哪个岗位上，都要经得起风浪考验，做政治上的明白人，不能在政治方向上走岔了、走偏了，真正做到在任何情况下政治信仰不变、政治立场不移、政治方向不偏，永葆共产党人政治本色。

4. 能不能坚持党和人民事业高于一切，自觉执行组织决定，服从组织安排

中国共产党是全国各族人民利益的忠实代表，党的利益和人民的根本利益是一致的，除了人民群众的利益之外，党没有自己的特殊利益。作为工人阶级政党的成员，党员的个人利益同党和人民的利益是一致的。党承认自己的成员有个人利益，保护党员的合法权益。党性与人民性相统一的理论观点，是马克思主义尤其是马克思主义政党诞生以后，才第一次在人类社会历史上实现了统一。马克思在批判法国空论派时指出："他们宣布理性至上来同人民至上相对立，为的是排斥群众而单独地实行统治。"① 中国共产党是马克思主义执政党，这一点是毋庸置疑的。中国共产党一经成立，就依循了《共产党宣言》的优秀传统，公开宣布党是为无产阶级以及一切被剥削、被压迫的人民群众谋利益的政党，并始终坚持和遵循这一立党为公、执政为民之原则。正如马克思主义经典作家指出："过去的一切运动都是少数人的，或者为少数人谋利益的运动。无

---

① 《马克思恩格斯文集》第 1 卷，人民出版社 2009 年版，第 292 页。

产阶级的运动是绝大多数人的，为绝大多数人谋利益的独立的运动。"① 今天，中国共产党也始终强调并坚守"坚持以人民为中心，立党为公、执政为民，践行全心全意为人民服务的根本宗旨，树立真挚的人民情怀，把人民放在心中最高位置，始终相信人民，紧紧依靠人民，把人民对美好生活的向往作为奋斗目标"这一本质原则。这就是习近平总书记所指出的，"党性和人民性从来都是一致的、统一的。……没有脱离人民性的党性，也没有脱离党性的人民性"。② "人民立场是中国共产党的根本政治立场，是马克思主义政党区别于其他政党的显著标志。"③ 同时，工人阶级政党的性质又在客观上要求自己的成员服从党和人民的利益，把党和人民的利益放在高于一切的位置，在党员的个人利益同党和人民的利益发生矛盾和冲突的时候，坚决服从党和人民的利益，甚至不惜牺牲个人的生命。能不能坚持党和人民的利益，是检验一个党员有没有党性，党性高低强弱的标志。为了党和人民的利益，共产党员必须能够吃苦在前，享受在后，克己奉公，多做贡献，绝对不能假公济私，损公肥私，侵犯国家、集体和群众的利益。

在祖国和人民需要的时候，能不能挺身而出、能不能冲锋在前，是检验党员干部对党和人民是否忠诚的试金石。2020 年新年伊始，新冠肺炎疫情席卷中华大地，给党和国家事业发展带来严重伤害。面对疫情的突然袭来，以习近平同志为核心的党中央高度重视，党中央成立应对疫情工作领导小组，向全党全国发出动员令，在中央政治局常务委员会领导下开展工作。党中央向湖北等疫情严

---

① 《马克思恩格斯选集》第 1 卷，人民出版社 2012 年版，第 411 页。
② 《十八大以来重要文献选编》下，中央文献出版社 2018 年版，第 213 页。
③ 习近平：《在庆祝中国共产党成立 95 周年大会上的讲话》，人民出版社 2016 年版，第 18 页。

重地区派出指导组，推动有关地方全面加强防控一线工作。"疫情就是命令，防控就是责任。"疫情防控是没有硝烟的战场，也是检验党员干部初心使命的考场。面对生与死的考验，医疗卫生战线成千上万名党员干部勇敢地站出来，主动请缨，接受组织挑选，服从组织安排，奔赴疫情防控第一线。广大党员干部之所以能够在疫情防控斗争中挺身而出、英勇奋斗、扎实工作，经受住考验，切实做到守土有责、守土担责、守土尽责，就是因为心中有党和人民，有坚定的对党忠诚的意识和自觉。当今世界，百年未有之大变局正加速演进，我国正处在实现中华民族伟大复兴的关键时期，同时我们在前进道路上仍面临着许多难关和挑战。风险越大、挑战越多、任务越重，党员干部越要信念坚定、对党忠诚，要主动坚持党和人民事业高于一切，自觉执行组织决定，服从组织安排，为党分忧、为国尽责、为民奉献，勇于担苦、担难、担重、担险，以实际行动诠释对党的忠诚。

第二章　注重实际、实事求是

中国共产党一成立，就积极投身到实际的革命活动中去，并在斗争中学习运用马克思主义的观点来观察和分析中国面临的实际问题。1922 年《先驱》的发刊词指出：必须把"努力研究中国的客观的实际情形，而求得一个最合时宜的实际的解决中国问题的方案"当作"第一任务"。百年来中国共产党坚持从实际出发，领导中国人民取得了新民主主义革命、社会主义革命和建设、改革开放和社会主义现代化建设的伟大成就，正如邓小平同志所指出的："搞社会主义一定要遵循马克思主义的辩证唯物主义和历史唯物主义，也就是毛泽东同志概括的实事求是，或者说一切从实际出发。"因此，一切从实际出发，就是我们想问题、做决策、办事情的出发点和落脚点。

一、注重实际

是从客观存在着的实际出发，还是从主观唯心主义出发，这是唯物主义与唯心主义两条根本不同的思想路线。恩格斯曾在《反杜林论》中指出："原则不是研究的出发点，而是它的最终结果。"毛泽东同志亦指出："我们是马克思主义者，马克思主义叫我们看问题不要从抽象的定义出发，而要从客观存在的事实出发，从分析这些事实中找出方针、政策、办法来。"习近平总书记指出："不论过去、现在和将来，我们都要坚持一切从实际出发，理论联系实际，在实践中检验真理和发展真理。"① 坚持一切从实际出发，不懈探索真理，是马克思主义的精髓和活的灵魂，是实现中华民族伟大复兴的根本保证，更是百年来我们党用鲜血和生命换来的生命线。

（一）一切从实际出发是我们想问题、做决策、办事情的出发点和落脚点

百年党史实际上就是一部时代问题回应史，一部不断把马克思主义时代化、中国化、大众化的历史。中国共产党坚持一切从实际出发，准确把握历史的主题与主线、主流与本质，准确抓住社会发展的主要矛盾或矛盾的主要方面，不断解答时代之问，带领中国人民实现了从站起来、富起来到强起来的伟大飞跃。

① 习近平：《在纪念毛泽东同志诞辰120周年座谈会上的讲话》，人民出版社2013年版，第15页。

1. 顺应历史潮流，中国共产党的成立

1921 年中国共产党作为一个政党登上历史的舞台，就是当时中国共产党人对中国实际最大的把握，是对社会主义时代潮流的牢牢把握，是对中国将要往何处去的时代主题的准确回应。从辛亥革命爆发到中国共产党的成立，短短十年，中国革命的面貌发生了翻天覆地的变化。要知道，老一辈的中国共产党人都受到过辛亥革命的深刻影响。当时的革命党人本以为只要推翻了封建帝制就可以天下太平，殊不知其所追求的民生还是如此遥远。辛亥革命失败后，中国的先进知识分子沉浸在极度的苦闷和彷徨之中。资产阶级民主共和的旧路走不通，痛苦之下，先进的知识分子就要去探索新路。五四运动之前的新文化运动，就是社会主义革命风暴前的思想洗礼，新文化运动，这是中国历史上第一次自觉地向封建礼教提出全面挑战，动摇了封建正统思想的统治地位，彻底打开了遏制新思想涌入的闸门，从而在中国掀起了思想解放的潮流。事实上，第一次世界大战把资本主义制度固有的矛盾以极其尖锐的形式展现出来了，战争的极度残酷，战后的极度混乱，使世人大为震惊。毛泽东同志在 1917 年 8 月致黎锦熙的信中发出感叹，东方思想固然不切实际生活，西方思想也亦未必尽是，几多之部分，亦应与东方思想同时改造。而俄国十月革命一声炮响，给苦思焦虑的中国人民指明了一条新的出路。其实在辛亥革命之前在中国就有人谈论社会主义，而十月革命第一次把社会主义从理论变为现实。并且俄国的情况与中国有着很多相似之处，同样受封建压迫严重，经济文化落后，因此，俄国社会主义革命的成功表明，"物质文明不高，不足阻社会主义之进行。"[①] 并且当时中国的社会结构也在悄悄发生变

---

① 《李大钊文集》（下），人民出版社 1984 年版，第 577 页。

化，1914 年至 1919 年 6 年间，新设厂矿 379 个，平均每年增设 63个。与此相联系，中国的工人阶级和民族资产阶级的力量进一步壮大起来，到 1919 年五四运动前夕，当时中国的产业工人已经达到200 万人左右，成为一支日益重要的社会力量，急需要思想先进的无产阶级政党领导组织。面对时代的呼唤，以及现实的需要，中国共产党于 1921 年在中国工人阶级最密集的城市上海建立。中国共产党一经成立，就积极投身到实际的革命活动中去，并在斗争中学习运用马克思主义的观点来观察和分析中国面临的实际问题。

2. 探索中国特色革命道路

道路决定方向，方向决定命运。20 世纪初，帝国主义势力入侵，反动军阀势力混战割据，中国大地烽烟四起、满目疮痍，百姓处在水深火热之中，民族危机日渐加深。在中国当时这样一个半殖民地半封建社会、经济文化非常落后的东方大国，无产阶级政党如何进行资产阶级民主主义性质的革命，马克思主义经典著作中没有现成答案。大革命时期，"打倒列强，除军阀"口号就是大革命期间对时代之问的解答。而"打倒列强，除军阀"的口号，源自中国共产党在第二次全国代表大会上制定的纲领"打倒军阀，推翻帝国主义的压迫"，这个纲领并不是凭空出现的，而是在正确分析中国局势和领导工人运动的实践中探索出来的。但是，随着国民党反动派叛变革命，轰轰烈烈的大革命失败了，并且大革命失败后一年多的时间里，各地党组织领导的武装起义几乎都以夺取城市为目标。但起义军多数未能实现夺取城市的目标。实践证明"城市中心论"的苏联道路在中国行不通。第一次国内战争中，毛泽东同志就指出"中国革命的首要问题，就是搞清楚中国社会的阶级状况、认清中国的国情"。井冈山时期由于毛泽东同志在多次的实践调查中了解到当时中国的真实国情，敏锐地看到中国近代社会政治经济发展不平衡，自然农业经济是红色政权在农村存在和发展经济基础；军阀混战，是红色政权在农村存在和发展的重要机遇。其实，早在"八七会议"之前，湖南作为全国农民运动的中心，曾掀起一场轰轰烈烈的农民运动，为了答复当时党内外对农民革命斗争的责难，时年34岁的毛泽东同志深入湖南5个县，花了32天时间实地考察了农民运动情况，于1927年3月写出《湖南农民运动考察报告》，指出"农民成就了多年未曾成就的革命事业，农民做了国民革命的重要工作"，从而得出了农民是中国革命最可靠的同盟军，必须高度重视这一革命力量来源。但是当时党内以陈独秀为首的"右倾机会主义"不愿意接受青年毛泽东同志的建议，使工人阶级和共产党处于孤立无援的地步，同年蒋介石和汪精卫相继发动"四一二"和"七一五"这两次反革命政变，大量的党内仁人志士惨遭屠杀，这一沉痛的打击，无不使中国共产党从血的教训中认识到武装斗争的极端重要性。大革命失败以后，中国革命所以能够坚持下来并走向复兴，关键在于找到了一条正确的革命道路。这条道路，就是把立足点由城市转入农村，发动和依靠农民群众，在农村建立根据地，开展土地革命和各项建设事业，开展以农民为主体的长期革命战争，发展和壮大革命力量，最后占领城市，夺取全国胜利的道路。这条前人没有走过的独创的道路，是在全党的集体奋斗中开辟出来的。

3. 什么是社会主义，怎么建设中国特色社会主义

1949年10月1日下午3时，毛泽东主席在天安门城楼上向全世界庄严宣告："中华人民共和国中央人民政府今天成立了！"向世界宣告中华人民共和国中央人民政府成立，中国进入到社会主义革命和建设的历史时期。这一时期，中国共产党要回答的历史课题是如何把马克思主义基本原理与新的历史条件结合起来，建立人民

当家作主的新政权，不断发展新的生产力，实现国家的独立、统一、民主、富强和人民幸福。新中国成立初期在中国共产党和中国人民面前，还存在着诸多困难，面临诸多严峻考验，新生的人民政权能不能站得住脚，中国共产党是否能管好国家，这在相当一部分群众中仍然是一个疑问，要由实践来作出回答。面对新中国成立初期的复杂形势和种种困难，中国共产党领导中国人民保持清醒的头脑，一切从实际出发，为巩固新生政权进行了卓有成效的斗争。然而，由于我们对马克思主义关于社会主义的一些基本原理的理解不够深入，对中国的基本国情缺乏深刻认识，没有能够完全清楚什么是社会主义、怎么建设社会主义的问题，也没有完全摆脱苏联的影响，采取了一些脱离实际、超越发展阶段的政策和措施，导致我国社会主义建设道路的探索遭遇严重曲折。对此，邓小平同志指出："我们冷静地分析了中国的现实，总结了经验，肯定了从建国到一九七八年三十年的成绩很大，但做的事情不能说都是成功的。我们建立的社会主义制度是个好制度，必须坚持。我们马克思主义者过去闹革命，就是为社会主义、共产主义崇高理想而奋斗。现在我们搞经济改革，仍然要坚持社会主义道路，坚持共产主义的远大理想，年轻一代尤其要懂得这一点。但问题是什么是社会主义，如何建设社会主义。"[1]

搞清楚什么是社会主义、怎么建设社会主义，是改革开放和社会主义现代化建设时期最大的实际，是需要不断探索和实践的问题。1978年以来，中国共产党人根据马克思主义基本原理和社会主义的实践经验，对这个问题进行了不懈探索，作出了科学的回答。1992年初，邓小平同志在南方谈话中对社会主义本质作了总

---

① 《邓小平文选》第三卷，人民出版社1993年版，第115—116页。

结性概括："社会主义的本质，是解放生产力，发展生产力，消灭剥削，消除两极分化，最终达到共同富裕。"关于社会主义本质的概括，遵循了科学社会主义的基本原则，反映了人民的利益和时代的要求，廓清了不合乎时代进步和社会发展规律的模糊观念，摆脱了长期以来拘泥于具体模式而忽略社会主义本质的错误倾向，深化了对科学社会主义的认识。改革是一项崭新的事业，是一个大试验。改革中难免遇到这样那样的风险，胆子要大，步子要稳。在改革的进程中，不能因循守旧，四平八稳，不能不顾条件，急于求成。判断改革和各方面工作的是非得失，归根到底，要以是否有利于发展社会主义社会的生产力，是否有利于增强社会主义国家的综合国力，是否有利于提高人民的生活水平为标准。

进入新世纪之后，我们基本建成了小康社会，但是当时我们的小康是低水平、不全面、发展不平衡的小康，在我们的事业全面迈入新世纪的大发展时期，江泽民同志曾经郑重指出：全党要坚持党在社会主义初级阶段的基本路线，把以经济建设为中心同改革开放、坚持四项基本原则统一于建设有中国特色社会主义的伟大实践。他在邓小平同志提出的"三步走"的台阶式发展战略的基础上，提出了一个新"三步走"战略，目标是使人民的小康生活更加宽裕，国民经济更加发展，各项制度更加完善；建成富强、民主、文明的社会主义国家。随着我国的改革开放和社会主义现代化建设事业取得了历史性的成就，我国的现代化建设已经实现了第一步、第二步的战略目标，人民的生活达到了小康水平，但是随着社会主义现代化建设和改革开放的逐步深入，我国经济社会中的一些矛盾凸显出来，特别是 2003 年非典疫情暴发之后，显露出我国的社会发展落后于经济发展，农村和城市的二元结构矛盾加大，经济发展与资源环境的矛盾更加突出，社会问题层出不穷。因此，以胡锦涛同志为总书记的党中央领导集体提出了科学发展观。科学发展就是既要以经济建设为中心，又要注重经济社会的全面进步。既要实现经济社会的发展又要实现人的价值。这就可以解决发展中的社会问题，解决人的问题，推动社会的和谐发展。

今天，世界呈现出深刻复杂变化的态势，充满着不确定性，使得人们对未来既寄予期待又感到困惑。我国发展步入近代以来的最好时期，中国特色社会主义进入新时代，但是船到中流浪更急、人到半山路更陡。新时代也是我国发展的关键期、改革攻坚期和矛盾凸显期。在新时代，中国共产党把马克思主义基本原理同新时代中国具体实际结合起来，团结带领人民进行伟大斗争、建设伟大工程、推进伟大事业、实现伟大梦想，推进党和国家事业取得历史性成就、实现历史性变革，中华民族迎来了从富起来到强起来的伟大飞跃。

（二）掌握调查研究这个基本功

坚持一切从实际出发，实事求是的一个重要环节就是调查研究，习近平总书记在 2021 年秋季学期中央党校（国家行政学院）中青年干部培训班开班式上指出：要了解实际，就要掌握调查研究这个基本功。要眼睛向下、脚步向下，经常扑下身子、沉到一线，近的远的都要去，好的差的都要看，干部群众表扬和批评都要听，真正把情况摸实摸透。既要"身入"基层，更要"心到"基层，听真话、察真情，真研究问题、研究真问题，不能搞作秀式调研、盆景式调研、蜻蜓点水式调研。要在深入分析思考上下功夫，去粗取精、去伪存真、由此及彼、由表及里，找到事物的本质和规律，找到解决问题的办法。党的十八大以来，针对新时代中国特色社会主义发展的新情况、新问题，围绕党员领导干部"为什么开展调查研究""如何开展调查研究"等重大理论和现实问题，习近平总书记从辩证唯物主义出发指出，调查研究要"从国情出发，从中国实践中来、到中国实践中去，把论文写在祖国大地上，使理论和政策创新符合中国实际、具有中国特色"①。不能从本本出发，中国的国情是具体的，是与时俱进的，而本本是对实际事物研究、抽象的结果，不能成为研究问题和作出决策的出发点，而出发点只能是客观实际，搞清楚"实事"是调查研究的基础。所以习近平总书记多次告诫党员干部"调查研究是从实际出发的中心一环。没有调查研究就没有发言权，没有调查也没有决策权"。

1. 把解决新矛盾新问题作为调查研究的出发点和落脚点

党的十八大以来，我们取得了举世瞩目的发展成就，创造了经济快速发展和社会长期和谐稳定的两大奇迹，我们日益走近世界舞台的中心，也前所未有地接近实现中华民族伟大复兴的目标。但与此同时，我们社会发展中也出现了许多新问题和新矛盾，这是我们大兴调查研究之风的出发点和落脚点，是贯彻始终的具体任务和不断涌现的直接目标。

当前在全面深化改革取得重大突破的大背景下，我国的发展也确实存在不少可能遇到和难以预料的新矛盾新问题。调查研究正是正确认识和把握新时代社会主要矛盾新变化的谋事之基和成事之道，反过来讲，新时代社会主要矛盾新变化的重要判断又决定了新时代调查研究理论与实践的根本任务和工作重点的变化。习近平总书记对新时代调查研究工作有诸多重要论述，反复强调调查研究的重要性，并指出忽视调查研究工作的严重后果。他深刻指出：什么

① 习近平：《在经济社会领域专家座谈会上的讲话》，人民出版社 2020 年版，第 12 页。

时候全党从上到下重视并坚持和加强调查研究，党的工作决策和指导方针符合客观实际，党的事业就顺利发展；而忽视调查研究或者调查研究不够，往往导致主观认识脱离客观实际、领导意志脱离群众愿望，从而造成决策失误，使党的事业蒙受损失。问题就是时代的口号，是它表现自己精神状态的最实际的呼声。也就是说，面对时代之问，调查研究必须强化问题意识、坚持问题导向。而调查研究的最终目的是要解决问题，尤其是要解决那些在社会发展中居于主导地位、发挥决定作用的问题。2013年9月，习近平总书记在河北参加省委常委班子党的群众路线教育实践活动专题民主生活会时强调：越是发展中面临的矛盾比较突出，越是要时刻牢记目标，踏石留印、抓铁有痕，过了一山再登一峰，跨过一沟再越一壑，决战决胜打好调整经济结构、化解产能过剩这场攻坚战。因此，我们要有强烈的问题意识，以重大问题为导向，抓住关键问题进一步研究思考，着力推动解决我国发展面临的一系列突出的新矛盾和新问题，使各项决策和工作部署集中民智、体现民意、反映民情，以有助于积极稳妥推进中国特色社会主义现代化强国建设，夯实实现"两个一百年"奋斗目标的每一个步骤、每一个课题、每一个环节。

2. 在调查研究中坚持群众路线

习近平同志曾多次强调，"调查研究是一个联系群众、为民办事的过程。"① 也就是说，领导干部只有深入基层、深入实际、深入群众，才能真正了解到群众在想什么、群众在期盼什么，最需要党和政府为他们做些什么。对此，习近平总书记在2015年中央党校县委书记研修班学员座谈会中，就教育引导党员干部要做焦裕禄

① 习近平：《干在实处　走在前列——推动浙江发展的思考与实践》，中共中央党校出版社2016年版，第534页。

式的县委书记时，他讲道，"焦裕禄同志在兰考的四百七十五天中，靠一辆自行车和一双铁脚板，对全县一百四十九个生产大队中的一百二十多个进行了走访和蹲点调研，面对面向群众请教、同群众商量。正是这种深入的调查研究，使他在较短时间内基本掌握了内涝、风沙、盐碱的规律，实施了治理'三害'的正确决策。这种尊重群众、尊重客观规律的求实作风，生动体现了他对党的群众路线的遵循。"① 如果党员干部成天忙于应酬，甚至白天黑夜都陪吃陪喝陪逛陪玩，不学习充电、消化政策，不下基层调查研究、掌握第一手情况，不思考和解决存在的突出问题，这种党员干部将严重损害党的事业和人民利益。对此，习近平总书记指出："'天视自我民视，天听自我民听。'要坚持把实现好、维护好、发展好最广大人民根本利益作为一切工作的出发点和落脚点，我们的重大工作和重大决策必须识民情、接地气。要以人民群众利益为重、以人民群众期盼为念，真诚倾听群众呼声，真实反映群众愿望，真情关心群众疾苦。要坚持工作重心下移，深入实际、深入基层、深入群众，做到知民情、解民忧、纾民怨、暖民心，多干让人民满意的好事实事"②。党员干部调查研究的出发点和落脚点是广大人民群众，同时在调查研究的过程中，更是要以群众为师，"群众中蕴藏着巨大的智慧和力量"，搞调查研究要做到"敏而好学，不耻下问，虚心求教，做群众的学生，做群众的朋友"。这是因为"正确的决策，绝对不是一个人或者一堆人，不作调查研究，坐在房子里苦思冥想就能产生的，它要在人民群众改革发展的实践中才能产生。我们担负领导工作的干部，在对重大问题进行决策之前，一定要有眼睛向下的决心和甘当小学生的精神，迈开步子，走出院子，去车间

---

① 习近平：《做焦裕禄式的县委书记》，中央文献出版社 2015 年版，第 39 页。
② 《习近平谈治国理政》第二卷，外文出版社 2017 年版，第 296 页。

码头，到田间地头，进行实地调研，同真正明了实情的各方面人士沟通讨论，通过'交换、比较、反复'，取得真实可信、扎实有效的调研成果，从而得到正确的结论。调查研究就像'十月怀胎'，决策就像'一朝分娩'。调查研究的过程就是科学决策的过程，千万省略不得、马虎不得。"① 党的十八大以来，习近平总书记亲自带队奔赴祖国大江南北，深入基层、深入群众，用真心聆听人民心声、用实干履行庄严承诺，为大兴调查研究之风做足榜样。特别是在决胜全面建设小康社会的关键时刻，习近平总书记多次深入广大偏远农村，对农民嘘寒问暖，了解农民的真实生活情况，制定出一系列有助于打赢脱贫攻坚战的具体政策、措施。2020 年，突如其来的新冠肺炎疫情牵动着习近平总书记的心。他亲自率队深入北京、武汉、浙江等地，对新冠肺炎疫情的实际情况进行调研，给人民群众注入了必胜的决心和信心，对打赢这场疫情防控阻击战起着至关重要的作用。

3. 在调查研究中坚持矛盾分析法

矛盾分析法是指运用矛盾的观点观察、分析事物内部的各个方面及其运动的状况，以达到认识客观事物的方法，它是定性分析的方法。社会基本矛盾分析方法为我们全面把握社会基本面貌，从本质层面了解社会运动的秘密和发展趋势提供了科学认识工具。领导干部只有对社会基本矛盾状况进行深入分析，才会了解社会的基本结构，分析判断社会发展大的趋势走向。矛盾的分析方法，为我们的调查研究，制定正确路线方针政策，解决复杂难题提供了科学的方向。

早在浙江工作期间，习近平同志要求领导干部的调研工作要务

---

① 《之江新语》，浙江人民出版社 2007 年版，第 154 页。

求"深、实、细、准、效"，其中"准"就是不仅要全面深入细致地了解实际情况，更要善于分析矛盾、发现问题，透过现象看本质，把握规律性的东西。现代社会是一个多样化的社会，由于社会分工日益精细，社会各方面的差异日益突出，不同部分、不同地区的发展情况各不相同。在这种情况下，各级党委、政府进行决策的信息量大增，加之局部和个体所具有的代表性有所下降，这就要求党员干部在做决策的时候善于从大量的个体情况中找到一般的规律。那么如何找到这个一般的规律呢，就需要利用矛盾的分析方法，抓住"典型"，抓"重点"调查，但同时也不能以点盖面，以偏概全，只见树木不见森林，还要全面地看问题。对此，习近平总书记从矛盾分析法出发，提出：当县委书记一定要跑遍所有的村，当市委书记一定要跑遍所有的乡镇，当省委书记一定要跑遍所有的县市区。并且习近平同志指出："我们的调查研究要围绕中心工作，贴近实际、贴近群众、贴近决策，忙在点子上，谋在关键处，做到有的放矢，事半功倍，富有成效。如果脱离中心工作，远离决策需要，其调研效果必然会大打折扣。"① 只有这样才能，以尽可能少的时间获得尽可能多的有效信息，同时也有助于充分发挥各地各部门特别是综合调研部门的作用，提高调查研究的效率和效益，做到点面结合、上下结合、内外结合，使决策建立在充足的事实依据之上。矛盾分析法还讲求用发展的眼光看问题，在当代中国社会主义现代化事业蓬勃发展的形势下，在当今世界多极化、经济全球化深入发展和科学技术突飞猛进的条件下，世界正处于百年未有之大变局之中，新的问题新的矛盾每时每刻都会出现，这就要求我们在做调查研究的过程中坚持问题导向，聚焦我国发展面临的突出矛

---

① 习近平：《干在实处　走在前列——推动浙江新发展的思考与实践》，中共中央党校出版社 2016 年版，第 537 页。

盾和问题，深入调查研究，不断提高改革决策的科学性。党的十八大以来，习近平总书记在不同场合反复强调，党员领导干部开展调查研究，必须带着问题下基层，真正为群众解决现实问题。各级党员领导干部要聚焦哪些问题开展调查研究，习近平总书记从社会主要矛盾出发给出了明确答案，这就是围绕全面从严治党问题，围绕贯彻落实党的十九大精神需要解决的问题，围绕坚决打好防范化解重大风险、精准脱贫、污染防治的攻坚战，围绕人民群众生产生活问题，围绕改革发展稳定问题，开展深入细致的调查研究。需要指出的是，习近平总书记谈及的这些调研问题，是宏观层面的指示要求，各级党员领导干部要围绕习近平总书记提出的这些重要领域和重要议题，结合本地区、本部门实际，明确具体的、细化的调研问题，以此来开展调查研究。近年来，我国面临的国际形势更加错综复杂，周边环境更加敏感多变，改革发展稳定任务更加艰巨繁重，一系列的问题也接踵而至。2019 年 1 月 21 日，习近平总书记在省部级主要领导干部坚持底线思维着力防范化解重大风险专题研讨班开班式上强调，要坚持底线思维，着力防范化解政治、意识形态、经济、科技、社会、外部环境、党的建设等领域重大风险。在当前和今后一段时期，围绕防范化解重大风险的诸多问题，将是各级领导干部开展调查研究的重点课题，对此必须高度重视。

4. 与时俱进创新调查研究方法

科学的调查研究方法是提高调查研究效果的根本保证。随着网络时代的发展，信息时代的到来，调查研究方法也要与时俱进。习近平总书记指出：在运用我们党在长期实践中积累的有效方法的同时，要适应新形势新情况特别是当今社会信息网络化的特点，进一步拓展调研渠道、丰富调研手段、创新调研方式，学习、掌握和运用现代科学技术的调研方法，如问卷调查、统计调查、抽样调查、专家调查、网络调查等，并逐步把现代信息技术引入调研领域，提高调研的效率和科学性。

习近平总书记特别重视对数据信息的应用，他多次教育党员干部调查研究的过程中要学好用好大数据技术，要善于获取数据、分析数据、运用数据，是领导干部做好工作的基本功。各级领导干部要加强学习，懂得大数据，用好大数据，增强利用数据推进各项工作的本领，不断提高对大数据发展规律的把握能力，使大数据在各项工作中发挥更大作用。在网络信息化的今天，调查研究的方式方法得到不断丰富和发展，我们可以利用的调查研究方法各式各样。但是，这并不意味着我们可以用现代的调研方法代替传统调研方法；也不意味着调查研究就可以完全依托互联网，依托海量的数据信息，完全忽视传统调查研究方法，简单依托于"网络问卷调查""网络统计调查"等网上调研方式，不真正深入基层，察实情、办实事。对于上级领导的调研旨意只是通过简单的网络敷衍完成，这样不能真正了解到问题的症结所在，不能从根本上解决问题。召开调查会、研讨会、走访调查、蹲点调查、典型调查、实地考察等，我们要加以继承和完善，这些传统的调研方法在新时代仍然行之有效。我们既要不断探索符合新时代要求的调查研究方法和手段，综合运用经济学、社会学、信息论、系统论、控制论等多学科理论，为正确决策提供全面、翔实、可靠的信息和数据。在具体实践中，又要站在前人的肩膀上，将传统的调查研究方法与现代调查研究方法相结合，根据调查任务和要求的不同，采用不同的调查方法，把微观调查和宏观调查结合起来，把定性分析和定量分析结合起来，大胆创新，多管齐下，提高调研工作的效率和调研成果的质量。

毛泽东同志在鲁迅艺术学院的讲话中就教育青年艺术家们创作作品一定要把中国考察一番，单单靠采取新闻记者的方法是不行的，因为他们的工作带有"过路人"的特点。并且当时毛泽东同志还引了一句俗语"走马观花不如驻马看花，驻马看花不如下马看花"。他希望艺术家们都能下马看花，也就是要深入实际地调研。党的十八大以来，习近平总书记既运用网络信息技术，收集民意、体察民情，又亲自带队奔赴祖国大江南北，深入广大偏远农村，对农民嘘寒问暖，了解农民的真实生活情况，制定出一系列有助于打赢脱贫攻坚战的具体政策、措施。

5. 创新调查研究工作制度

调查研究对党和国家制定与执行政策的巨大作用决定了一定要"使调查研究真正成为各级领导干部自觉的经常性活动"。但如何才能使调查研究得到"始终坚持"和"不断加强"并在全党蔚然成风，习近平总书记认为要从制度建设着手，只有建立和完善相关制度，才能保证调查研究的经常化和常态化。

早在河北正定的时候，习近平总书记主持起草、审定了中共正定县委《关于改进领导作风的几项规定》，把领导干部下基层开展调查研究作为一项工作以制度化的形式固定下来。在福建宁德，他提出了"四下基层"。在浙江，他领导制定了《关于调查研究工作规范化制度化的意见》，要求不断推进调查研究工作的经常化、制度化、规范化和科学化。比如：建立和完善联系点制度。习近平总书记强调领导干部要在基层建立联系点。1983 年，他为正定县委领导班子起草的"六项规定"中，要求"县委常委都要在农村和厂矿学校建立若干个联系户和联系点"。2003 年，在浙江领导制定的《关于调查研究工作规范化制度化的意见》中也强调领导干部要在基层建立联系点。在他看来，坚持和完善联系点制度，与基层联系点保持经常联系，既可以防止脱离群众，密切党群关系，又可以了解实际情况、听取群众意见，从而有效地发现和解决问题。

2011 年，在《谈谈调查研究》这篇文章中正式提出要建立调研工作制度。由于调查研究是谋事之基、成事之道，没有调查就没有发言权，没有调查就没有决策权。调查研究是我们做好工作的基本功，因此，他强调要在全党大兴调查研究之风，健全领导干部带头改进作风、深入基层调查研究机制。

制度带有根本性、全局性、稳定性和长期性的特征。目前党内存在的不重视调查研究、不善于调查研究等问题，固然与个别领导干部的能力素质有关，但根本还是缺少规范性制度体制的硬性约束，尤其在一些重要领域制度缺位造成的。对此，习近平总书记明确提出了要使调查研究真正成为各级领导干部自觉的经常性活动，进一步推动调查研究的制度化、规范化，提高决策的科学化水平，把调查研究贯穿于决策的全过程，真正成为决策的必经程序。保证决策的科学性和生命力，促进各项工作真正赢得群众的理解和支持。

社会主义的出发点和最终归宿是实现人的自由全面发展。中国特色社会主义是中国共产党领导下的实现人的自由全面发展的道路选择，而当前的使命和任务就是要实现人民日益增长的美好生活需要，这也是最能彰显中国特色社会主义制度优越性的对标点。随着中国特色社会主义实践的深入发展和推进，人民的生活水平有了大幅度的提高，生活质量有了极大改善，并且随着社会生产生活方式的变化，人民对美好生活的追求和向往也随之发生了深刻的变化，如党的十九大报告所述"人民美好生活需要日益广泛，不仅对物质文化生活提出了更高要求，而且在民主、法治、公平、正义、安全、环境等方面的要求日益增长"。但是，当前我国经济发展的质量和效益仍然有待进一步提高，经济结构特别是生产结构亟须转型升级，并且伴随着经济高速度发展所产生的环境污染和生态破坏等问题，以及各种社会矛盾问题相互交织叠加，这些都严重影响着人们对美好生活期待的实现。因此，我们必须深入到人民群众现实的生产生活之中，加强对人民群众所思、所想以及所盼的调查研究，仔细聆听和翔实记录制约人民群众实现美好生活的各个因素和问题，我们才能找到解决美好生活需要的有效途径，探寻实现人民美好生活需要的路径。

二、实事求是

实事求是，是马克思主义的根本观点，是中国共产党人认识世界、改造世界的根本要求，是我们党的基本思想方法、工作方法、领导方法。坚持从实际出发、实事求是就要深入实际了解事物的本来面貌，把握事物内在必然联系，按照客观规律办事。习近平总书记指出：坚持从实际出发、实事求是，不只是思想方法问题，也是党性强不强问题。坚持实事求是要有光明磊落、无私无畏、以事实为依据、敢于说出事实真相的勇气和正气，敢不敢坚持实事求是，考验着党员领导干部的政治立场，考验着党员领导干部的道德品质，考验着党员领导干部的党性修养，始终是党员领导干部党性纯不纯、强不强的一个重要体现。

（一）能否从实际出发、实事求是也反映着党性强不强问题

毛泽东同志把马克思主义唯物辩证法的世界观和方法论精辟地概括为"实事求是"。实事求是，是中国共产党"解放思想、实事求是、与时俱进"思想路线的核心内容，它不仅是共产党人的思想原则，也是共产党人的行动原则；它既是我们的理论、路线正确与否的检验原则，也是我们工作成败得失和共产党人人格与品行的

价值评价原则，是党的优良作风。共产党人应当把实事求是作为加强自身的党性修养和品行锤炼的根本要求，把实事求是内化为一种共产党人的先进道德和人格。

1. 实事求是与共产党人的党性修养紧密相连

实事求是作为一种世界观，是理论和实践的统一。体现在理论上，就表现为用马克思主义的立场、观点和方法揭示出来的对自然和社会的根本看法；体现在实践上，就表现为为什么人服务的问题。坚持实事求是，就是马克思主义的立场、观点、方法与为人民服务的统一。这个统一的核心是为人民服务。怎样为人民服务呢？就是运用马克思主义的立场、观点、方法分析客观实际情况，树立和实践社会主义荣辱观，了解人民的愿望，制定出符合实际情况，符合人民愿望和要求的方针政策，替人民办好事，使他们安居乐业。因此，坚持实事求是，必须把真理标准和价值标准统一起来。

在马克思主义党的学说发展的历史上，马克思、恩格斯最早使用了党性概念。他们在这个问题上的阐述，为我们正确理解党性内涵的发展提供了最早的理论资源。1845 年恩格斯在《傅里叶论商业的片段》中最早提到了"党性"。恩格斯指出："这种社会主义，由于自己在理论领域中没有党性……可是人们却想用这些空话使德国革命，去推动无产阶级并促使群众去思考和行动。"[①] 这里，虽然恩格斯没有明确解释党性，但是，它显然是在阶级而且主要是无产阶级的立场和革命精神这个意义上使用这一概念的。恩格斯在这里提出的"党性"，旨在批判所谓的社会主义者一味空想，而不涉及具体实践。1863 年，马克思也在上述意义上使用了党性这一概念。在谈到法国的工人运动时，马克思指出："在巴黎，在社会党

---

① 《马克思恩格斯全集》第 2 卷，人民出版社 1957 年版，第 659 页。

内，党性和团结精神仍然占着统治地位。"① 可以看出，在这个时期，马克思和恩格斯提到的"党性"概念，是针对德国和法国工人运动而提出的，显然是为了赞扬工人运动的无产阶级立场和革命精神。他们提到的"党性"，简洁地说，这里的党性指的是理论上的批判性和精神上的革命性。

中国共产党在领导革命、建设和改革的过程中，将党性理论推进到了一个新的高度，1939 年 8 月，刘少奇同志发表《论共产党员的修养》，对马克思主义政党党性和党性修养问题进行了全面深刻的阐述，刘少奇同志指出："共产党员的党性，就是无产者阶级性最高而集中的表现。"② 党性集中反映了工人阶级的思想意识、政治立场、革命精神、组织纪律性等优良的阶级特性，反映了无产者"最高而集中"的先进性，是共产党人必须具备的思想品质的情操。毛泽东同志在《改造我们的学习》中指出："所谓党性，乃是辩证唯物论与历史唯物论的科学态度。……没有科学的态度，即没有马克思列宁主义的理论和实践统一的态度，就叫做没有党性，或叫做党性不完全。"③ 可见，在毛泽东同志看来，只有在思想上到达辩证唯物主义和历史唯物主义的认识高度，才能算作有党性。

新中国成立后，中国共产党对党性内涵作了进一步的丰富和拓展。由于中国共产党已经从一个领导人民为夺取政权而奋斗的党，转变成为一个掌握国家政权并长期执政的党，党的历史方位发生了根本性变化，不少共产党员由于身处党和国家的领导岗位，产生了脱离实际和脱离群众的危险，很容易发展为主观主义和官僚主义。1956 年 9 月，中国共产党第八次全国代表大会强调了党性修养的

---

① 《马克思恩格斯全集》第 30 卷，人民出版社 1974 年版，第 305 页。
② 《刘少奇论党的建设》，中央文献出版社 1991 年版，第 225 页。
③ 《毛泽东选集》第三卷，人民出版社 1991 年版，第 800 页。

重要性，邓小平同志在会上作的《关于修改党的章程的报告》中，对于官僚主义在当时的表现、危害以及改进措施进行了详细的分析。同时，中共八大还提出必须加强执政党自身建设，坚持理论联系实际、实事求是的马克思主义科学态度。这是我们已经把党性与实事求是紧密联系在一起了。1957年，党中央发出的《关于整风运动的指示》中也指出了，在党内，脱离群众和脱离实际的官僚主义、宗派主义和主观主义，有了新的滋长，因而有必要在全党重新进行一次普遍的深入整风运动，提高全党的马克思主义的思想水平，改进作风，以适应新形势的需要。1978年党的十一届三中全会以来，中国共产党的党性理论得到了进一步发展完善。中国共产党在改革开放和发展社会主义市场经济条件下领导国家建设，党的历史方位发生进一步变化。邓小平同志强调要用科学的党建理论教育全党，增强党员的党性。他指出："要安定团结，就必须消除派性，增强党性。"[1] 邓小平同志在谈到党性时，把党性与团结、组织纪律对立起来的派性相比较，将增强党性作为团结的重要途径。1979年7月，在《思想路线政治路线的实现要靠组织路线来保证》一文中，邓小平同志也强调了同样的问题："党性也包括联系群众、艰苦朴素、实事求是等等。"[2] 不难看出，邓小平同志发展了党性的内涵，将"联系群众、艰苦朴素、实事求是"融入了党性内涵之中，丰富了党性的科学内涵。江泽民同志对于党性的论述多集中在党风党纪上，他指出党的作风是党的形象，是党的性质、目标、根本立场的重要展现，也是党凝聚人心，统一思想，增强战斗力的重要内容。同时，江泽民同志也强调了党性的时代特征，他指出："党对党员的党性要求，从来是和党在各个不同历史时期所肩

---

① 《邓小平文选》第二卷，人民出版社1994年版，第2页。
② 《邓小平文选》第二卷，人民出版社1994年版，第192页。

负的任务紧密相联的。"① 江泽民同志讲党性要求与共产党人的时代任务联系起来，无不是对共产党实事求是的丰富与发展。胡锦涛同志从理想信念上丰富了党性内涵，他强调："坚定理想信念，坚守共产党人精神追求，始终是共产党人安身立命的根本。"② 他指出，保持共产党的理想信念，是在党的建设中凝聚人心的关键因素，而理想信念的保持不能只停留在思想上，必须在实践中落实。

党的十八大以来，以习近平同志为核心的党中央立足新的历史起点审视党性修养问题，把对这一问题的认知推向了新的高度。2013 年 9 月，习近平总书记在河北省委常委班子专题民主生活会上提出："党性是立身、立业、立言、立德的基石，必须在严格的党内生活锻炼中不断增强。"③ 习近平总书记认为，领导干部的党性是当前建设中重要的思想和组织保障。要增强领导干部的党性，就要正确认识党性和人民性的关系。习近平同志强调，各级领导干部要"努力做到知行合一，理论联系实际，实实在在地做事情，尽心尽力地干工作，而不是热衷于追求热闹，只摆花架不种花，只摆谱架不弹琴"。④ 求实效，要树立正确的政绩观，做到"民之所好好之，民之所恶恶之"。求实效，还要因地制宜，把上级部署和指示与本地本部门实际情况结合起来。做到不唯上、不唯书，只唯实。不能只当"收发室"和"传话筒"，要结合本地区本部门的实际情况，制定工作方针，作出工作部署，创造性地开展工作，让党的方针政策落地生根，造福于人民。在党性中坚持人民性，实质是坚持发挥人民群众的主体作用，坚持将人民群众的根本利益作为党

---

① 江泽民：《论党的建设》，人民出版社 2001 年版，第 78 页。
② 《十四大以来重要文献选编》上，人民出版社 1996 年版，第 334 页。
③ 《习近平关于党的群众路线教育活动论述摘编》，党建读物出版社、中央文献出版社 2014 年版，第 6—7 页。
④ 习近平：《之江新语》，浙江人民出版社 2007 年版，第 271 页。

性乃至整个党的建设的根本出发点和落脚点，在中国特色社会主义社会的建设中坚持以人民为中心。

2. 能否实事求是考验着共产党人的党性修养

实事求是是一个党性坚强的党员的起码态度。对于共产党人来说，一切从实际出发的道理都很明白，要真正做到实事求是却很难。违背实事求是，从党性角度看就是坚持主观主义，主观主义是加强党性锻炼实践的思想障碍。无论革命、建设还是改革，加强党员干部的党性锻炼实践都必须做到实事求是。实事求是就是最大的党性。

历史反复证明，不讲实事求是，脱离实际，会使党和人民的事业受到损害。只有回归实事求是的思想路线，我们才能准确、有效、及时地挽救危机中的中国共产党，才能不断地增强党性修养。中国共产党自成立起就认识到党员思想修养的重要性。党的一大通过了《中国共产党第一个纲领》，明确要求党员"承认无产阶级专政，直到阶级斗争结束"。党的二大发表了《中国共产党第二次全国代表大会宣言》，进一步指明了党员应正确认识党的革命任务。由于缺乏斗争经验，加之对革命局势认识不足，党在革命初期产生了"左"和右的错误思想。党的三大前夕，在国共联合问题上产生了张国焘等人怀疑国共合作的"左"倾观点和马林、陈独秀"一切工作归国民党"的右倾主张。不管是"左"倾还是右倾错误，都是脱离实际的错误。"左"倾和右倾的错误思想严重阻碍了党的革命事业。针对革命时期党内出现的错误思想，毛泽东同志在如何与错误思想斗争的问题上作出了重要贡献，提出了实事求是、批评与自我批评、惩前毖后治病救人的思想修养方法。实事求是"是党性的表现，就是理论和实际统一的马克思列宁主义的作风"，就是将马克思主义理论与革命实践相统一。毛泽东在《改造我们的学习》中深刻指出："实事"就是客观存在着的一切事物，"是"就是客观事物的内部联系，即规律性，"求"就是我们去研究。为了贯彻实事求是的思想方法，党中央决定在全党范围内进行一次大规模整风运动。从1941年5月毛泽东同志在延安高级干部会议上作《改造我们的学习》的报告开始，到1945年4月20日六届七中全会通过《关于若干历史问题的决议》为止，中国共产党开展了为期四年的延安整风运动。在这次整风运动中，全党以实事求是的思想方法肃清了"左"倾教条主义思想在党内的错误影响，党员的思想修养水平得到大幅提升。延安时期，以毛泽东同志为主要代表的中国共产党人对土地革命时期"左"倾错误及其惨痛教训进行了科学剖析和认真总结，得出了一个重要结论："左"倾错误屡次出现的原因，最根本的一点，在于当时的当事人，特别是党的个别主要领导者的指导思想是主观主义的，缺乏实事求是的态度。

为什么把实事求是与共产党人的党性结合起来，从根本上来看实事求是作为一种世界观是理论和实践的统一。体现在理论上就表现为用马克思主义的立场、观点和方法揭示出来的对自然和社会的根本看法；体现在实践上就表现为为什么人服务的问题。坚持实事求是就是马克思主义的立场、观点、方法与为人民服务的统一。这个统一的核心是为人民服务。怎样为人民服务呢？就是运用马克思主义的立场、观点、方法分析客观实际情况，了解人民的愿望，制定出符合实际情况、符合人民愿望和要求的方针政策，替人民办好事，使他们安居乐业。要做到实事求是，就要深入实际、了解实际，坚持一切从实际出发。要眼睛向下、脚步向下，经常扑下身子、沉到一线，近的远的都要去，好的差的都要看，干部群众表扬和批评都要听，真正把情况摸实摸透。既要"身入"基层，更要"心到"基层，听真话、察真情，真研究问题、研究真问题，不能搞作秀式调研、盆景式调研、蜻蜓点水式调研。要在深入分析思考上下功夫，去粗取精、去伪存真，由此及彼、由表及里，找到事物的本质和规律，找到解决问题的办法。当前，世界百年未有之大变局加速演进，中华民族伟大复兴进入关键时期，面临的风险挑战明显增多。各级干部只有紧密结合思想和工作实际，加强理论学习，提高党性修养，砥砺政治品格，锤炼过硬本领，以忠诚干净担当的实际行动，才能在全面建设社会主义现代化国家新征程中奋勇争先、建功立业。

（二）年轻干部要坚持以党性立身做事

"注重实际、实事求是"为年轻干部改进思想方法、增强党性修养、砥砺政治品格、锤炼过硬本领提供了正确的方向标，即在实际工作岗位上要以"实事求是"为作风要求，做到讲真话、讲实话；干实事、求实效；党性立身、党性做事；坚持真理、善于思考，以实际行动，在全面建设社会主义现代化国家新征程中奋勇争先、建功立业。

1. 讲真话、讲实话

"知者尽言，国家之利。"讲真话、讲实话是中国共产党一以贯之的优秀思想传统和工作作风。早在中共七大的政治报告中，毛泽东同志就提出要"讲真话，不偷、不装、不吹"，指出作风问题害党、害民，必须加以重视、引起警惕。时至今日，习近平总书记就相同问题强调，讲实话、干实事最能检验和锤炼党性。讲真话、讲实话难在一个"真"字。心正则身正，党性强则事业兴。讲真话、讲实话是一种党性之纯之强的要求，考验的是政治品格，尤其当前我们党面临的矛盾风险挑战之多、治国理政考验之大前所未有，更要求领导干部带头讲真话、道实情，讲事物的本来面貌，说工作的真实情况，不刻意评功摆好，不回避和掩饰问题。党员干部作为党联系群众、服务群众的桥梁和纽带，是上传下达的"传送带"，敢于讲真话是让党放心信任、取得群众认可的基础，只有讲真话，才会不偏不倚，只有讲真话，才会将不合实际拒之"口"外，弃之行动上。讲真话的人，从其言行上都会折射出一股正气，在虚假面前敢于揭露真相，敢于在是非面前坚持真理，这是有责任心有担当的体现。因此，年轻干部要将"讲真话、讲实话"作为党性锻炼要求，坚持实事求是，使其成为自身办事工作的常态化思维方式与行为习惯。其一，对领导要敢讲真话。讲真话是一个年轻干部正义在身、责任在心、真理在手的重要体现，也是其有正气、有底气、有骨气的外在彰显。年轻干部对领导要敢于讲真话，如实上报所在地区、自己分管领域的真实情况，不能为了"装点"政绩、"维护"脸面，想方设法掩盖错误、遮蔽疏漏、弄虚作假。其二，对同事要敢讲实话。年轻干部要继承党的优良传统，对同事要敢讲实话，以坦率、真诚的态度交流工作，做到实事求是、直奔主题、开诚布公，不搞小动作、不要小聪明、不打小算盘，以无私奉献的精神凝聚力量，形成"心往一处想、劲往一处使"的工作局面，共同解决现实工作中遇到的困难与挑战。其三，对下属要敢讲准话。年轻干部要练就过硬的党性修养，在工作中注重实际，敢抓问题、敢管成效，面对问题做到深挖内因、对症下药，敢于讲准话、讲硬话，明确下属工作内容与目标要求，以清正廉洁的底气、光明磊落的正气、大公无私的志气做好本职工作，成为一个为人民谋幸福、为社会谋发展的党员干部。

2. 干实事、求实效

"质胜于华，行胜于言。"干部做事，关键在一个"实"字，要坚持以知促行、以行求知，做到知行合一，不断从实际出发，发扬实事求是、求真务实的良好作风，这是我们党推动事业发展的重要经验。干实事、求实效。贵在一个"实"字。"为官一任，造福一方，遂了平生意。"政绩对于一名领导干部至关重要，但政绩不一定就是"真绩"，衡量政绩的标准就是要得到人民认可、经得起历史检验。年轻干部要以此鞭策自己，立足工作实际与主责主业，"干实事、求实效"，不断践行党员的初心使命，解民生之忧、谋民生之利。其一，要谋实事。年轻干部要有"功成不必在我、功成必定有我"的宽阔胸襟与责任担当，紧紧抓住改革创新、干事创业的"牛鼻子"，通过探索管理模式、拓宽治理渠道、建立运行机制等方式主动发现真问题、真解决问题，以实际行动推进工作进展，以实事谋划构建服务体制。其二，要做实功。实干是党的优良传统，从邓小平同志讲的"不干，半点马克思主义也没有"，到习近平总书记强调的社会主义是干出来的，无不彰显实干的重要性。不动摇、不反复、不懈怠才能做实功。年轻干部要保持思想定力，工作务实、持之以恒，按照已有的发展目标与工作规划，任务一项一项抓、事情一件一件干，不受外部纷乱环境的干扰，始终保持清醒头脑，持续推动工作稳中求进，以沉着的态度积累"胜利"，才能实现新发展、新突破。其三，要求实效。年轻干部心中要保持"为民"情怀，把人民群众关心、关注的事项和工程办好、办实、办出成效，切实解决"急难愁盼"问题，不断畅通表达渠道，广开言路、吸纳建议，着重在为人民服务上铆足干劲，在以实事谋实效上下大力气、苦功夫，从而实现在人民群众的监督与反馈中动态调整工作规划、预期效果，力争让工作实绩经得住时间考验、人民评判。

3. 党性立身、党性做事

"种树者必培其根，种德者必养其心。"习近平总书记强调，党性是党员干部立身、立业、立言、立德的基石。党性强不强是评判一个党员是否合格的重要标准，心中缺乏信仰，党性便逐渐淡化，做事便放低底线，因此，年轻干部必须牢牢把握党性这个核心，时刻警醒自身，自觉加强党性教育，高擎党性火炬，在工作中坚持以党性立身做事，以实事求是的态度说老实话、办老实事，不断锤炼党性修养，保持思想上的先进性与纯洁性。其一，遵循党章要求、树立党章意识。习近平总书记指出，党章是党的总章程，集中体现了党的性质和宗旨、党的理论和路线方针政策、党的重要主张，规定了党的重要制度和体制机制，是全党必须共同遵守的根本行为规范。因此，年轻干部要以党章规范一言一行，用党章意识约束自己、按党章要求立身做事，在工作中以诚实的态度认识现实，从实际出发，切实做到为民奉献、为党分忧、为国尽责。其二，保持价值追求、坚守价值信念。党性立场牢固不牢固，起关键作用的就是理想信念是否坚定。理想信念是共产党人的精神之"钙"。一个人如果"缺钙"就会得"软骨病"，共产党员丧失理想信念就会变成一个没有精神内涵的身体空壳。中国共产党百年发展历经磨难，充满艰辛坎坷，历史潮流中大浪淘沙，既有众多千锤百炼的优秀党员，也有部分落伍掉队甚至蜕化变质的不良分子。党性锻炼的实践表明，理想信念不坚定的党员干部必遭历史淘汰，党性立场不牢固的党员干部必为历史唾弃。对马克思主义的信仰，对社会主义和共产主义的信念，是共产党人安身立命的根本，是鼓舞其经受考验、走出困境的精神支柱，这种价值追求与信念构成了中国共产党党性修养最重要的部分。年轻干部要在严格的党内生活中反复锻炼，不断改进思想方法、锤炼党性修养，做到既胸怀理想又关注现实，从而在理论与实际结合中形成适合时代发展与党性要求的工作作风、处事原则和价值理念。其三，坚持群众立场、走好群众路线。"人心是最大的政治",政之所兴在顺民心,这是毋庸置疑的政治规律。人民把自己的权力赋予了党,就是把信任和期望交给了党,党员要时时刻刻意识到自己身上所肩负的这种重任,充分体现共产党人的责任感、使命感和奉献精神。习近平总书记曾指出,权力的行使和责任是相互联系的两个方面,有权必有责。党员领导干部,最紧要的就是要有责任感和担当意识。领导干部要坚持全心全意为人民服务,面对矛盾时要敢抓敢管,面对难题时要敢于开拓,面对利益时要问心无愧。现实生活中,人民群众关注的问题往往是最影响民生福祉的关键问题,年轻干部要体察民情、关注民生,以民之所望为施政方向,将工作重心置于为人民群众解决现实困难上,始终做到执政为民、执政靠民。

4. 坚持真理、善于思考

"人生最高之理想,在求达于真理。"一百年前,中国共产党的先驱们在探寻真理、追求梦想的过程中创建了中国共产党,从中国共产党诞生的那一天起,坚持真理便镌刻在党的旗帜上,成为中国共产党人成就伟大事业的思想准则与精神支柱。只有以马克思主义为武装,才有坚强的马克思主义政党;只有以马克思主义理论为指导,才能保证中国革命、建设和改革的顺利进行。坚持学习马克思主义基本理论,用马克思主义的世界观武装党员头脑,将马克思主义方法论融入党员行为,是对当代共产党人党性修养的基本要求。年轻干部生逢伟大时代,更要继承老一辈共产党人实事求是的精神风貌,敢于坚持真理,善于独立思考,树立正确的真理观,着力做到求真务实。其一,要善于掌握真理。思想是行动的先导,理论是实践的指南。实践提出问题需要理论作出回应,理论形成思想去指导问题的解决。加强党性锻炼实践必须提高党员干部的理论修养,必须在深入学习和深刻领悟马克思主义的思想伟力中不断提高党性修养。当前，年轻干部掌握真理，至关重要的是认真学习领会习近平新时代中国特色社会主义思想，要以此为指导，聚焦自身主责主业，不断务实求真，做到学思用贯通、知信行合一。其二，要自觉坚持真理。真理之所以成为真理，是因为它与谬论以及虚伪相对立。因而，年轻干部要带头坚持真理，在面对工作时要善于直面问题、思考问题，不讳疾忌医，实现以真理务求实效、以真理谋求发展。其三，要敢于捍卫真理。在中国特色社会主义现代化建设的过程中，难免遇到"杂音""噪音"的干扰，它们妄图破坏我国的和谐环境、阻碍我国的有序发展。年轻干部作为党的新生力量，必须以现实为依据、用实事求是的态度据理力争，旗帜鲜明地反对并抵制错误思想，捍卫真理的威严。其四，要努力发展真理。实践能够认识真理也能够发展真理，年轻干部要正确认识实践与真理之间的辩证关系，不断解放思想，以求真务实的态度观察新情况、把握新变化、实现新突破，为真理向前发展贡献力量。

第三章　勇于担当、善于作为

习近平总书记在 2021 年秋季学期中央党校（国家行政学院）中青年干部培训班开班式上发表重要讲话时强调：干事担事，是干部的职责所在，也是价值所在。党把干部放在各个岗位上是要大家担当干事，而不是做官享福。改革发展稳定工作那么多，要做好工作都要担当作为。担当和作为是一体的，不作为就是不担当，有作为就要有担当。做事总是有风险的。正因为有风险，才需要担当。凡是有利于党和人民的事，我们就要事不避难、义不逃责，大胆地干、坚决地干。①

① 《习近平：信念坚定对党忠诚实事求是担当作为努力成为可堪大用能担重任的栋梁之才》，《人民日报》2021 年 9 月 2 日。

　　党的干部是党的事业的骨干，推进中国特色社会主义伟大事业离不开广大党员干部的担当作为。中国特色社会主义进入新时代，党肩负着为中国人民谋幸福、为中华民族谋复兴的伟大使命，使命呼唤担当，使命引领未来，广大党员干部必须不忘初心、牢记使命，发扬斗争精神，在应对重大挑战、抵御重大风险、克服重大阻力、解决重大矛盾中勇于担当、善于作为。2020 年 1 月 8 日，习近平总书记在"不忘初心、牢记使命"主题教育总结大会上的讲话中明确指出："衡量党员、干部有没有斗争精神、是不是敢于担当，就要看面对大是大非敢不敢亮剑、面对矛盾敢不敢迎难而上、面对危机敢不敢挺身而出、面对失误敢不敢承担责任、面对歪风邪气敢不敢坚决斗争。"① 担当作为在理想与意愿方面是"想担想为"，在能力与本领方面是"能担能为"，在具体要求层面是"敢担敢为"，是信念、能力和勇气的有机统一。准确把握习近平总书记关于担当作为重要论述的精神实质，对于新时代中国特色社会主义伟大事业的发展，有着重要的理论和现实意义。

一、新时代党员干部担当作为的重大意义

　　作为马克思主义政党，担当作为是中国共产党在马克思主义科学理论的指导下进行的实践活动，是马克思主义政治伦理的重要旨趣。新时代担当作为的精神也同中华优秀传统文化一脉相承，是对中国古代政治智慧的时代发展。

---

　　① 习近平：《在"不忘初心、牢记使命"主题教育总结大会上的讲话》，《人民日报》2020 年 1 月 9 日。

（一）担当作为是马克思主义科学理论的现实指向

中国共产党是以马克思主义为指导思想的政党。马克思主义既是指导我们认识世界的科学的世界观，也是指导我们改造世界的正确的方法论。马克思主义哲学区别于其他一切哲学的关键所在，即马克思主义哲学重在改造世界。正如马克思所言，"哲学家们只是用不同的方式解释世界，问题在于改变世界。"① 中国共产党作为马克思主义政党，必然要以改造世界为己任，党员干部也必须敢于担当作为、改造世界。

1. 担当作为是马克思主义科学实践观的本质要求，是连接理想与现实的桥梁，是实现劳动自主性发展的必然选择

在马克思的语境中，人类的劳动既有强制性部分，又有自主性部分。所谓强制性劳动，"不是满足一种需要，而只是满足劳动以外的那些需要的一种手段……只要肉体的强制或其他强制一停止，人们就会像逃避瘟疫那样逃避劳动"②，人们逃避的原因正是劳动的价值被资本家无偿占有。而在社会主义社会中，占据主导地位的则是自主性劳动，其注重的是每个人自由而全面的发展，更加凸显出人的主体性与实践性。作为先进阶级的中国共产党人，尤其是领导干部，担当作为既是创造社会物质财富的积极行为，又是不断提升精神世界创造性的积极行为，连接着共产主义理想与当前社会现实。担当作为，是突破传统哲学家解释世界的窠臼，践行马克思主义科学实践观，积极改造世界的时代选择。

① 《马克思恩格斯选集》第 1 卷，人民出版社 1995 年版，第 57 页。
② 《1844 年经济学哲学手稿》，见《马克思恩格斯文集》第 1 卷，人民出版社 2009 年版，第 159 页。

改造客观世界必须发挥主观能动性，担当作为就是发挥主观能动性的重要表现。事物的存在和发展是由客观规律所决定的，只有发挥主观能动性才能够运用规律改造客观世界。人类将自身的主观能动性加之于客观事物的过程，就是主观见之于客观的过程，也就我们常说的实践。无论是生产实践、还是处理社会关系的实践、抑或是科学实践，都必须发挥人的主观能动性，这就要求马克思主义政党及其成员必须在改造客观世界的过程中善于发挥主观能动性、敢于担当作为。

2. 担当作为是无产阶级政党的精神底色，是社会公仆意识的重要体现

在马克思主义科学实践观的指导下，应该建立一个什么样的无产阶级专政国家，马克思在《法兰西内战》中给出了答案。无产阶级应当建立一个巴黎公社型的负责、服务、廉价和公正的政府，"人们对公社有多种多样的解释、多种多样的人把公社看成自己利益的代表者，这证明公社完全是一个具有广泛代表性的政治形式，而一切旧有的政府形式都具有非常突出的压迫性。公社的真正秘密就在于：它实质上是工人阶级的政府，是生产者阶级同占有者阶级斗争的产物，是终于发现的可以使劳动在经济上获得解放的政治形式"①。这就要求公社成员，尤其是公社干部要切实为大众的利益服务，坚持担当作为的精神，以实际行动维护无产阶级政权的顺利运转和扩大发展。

实现共产主义远大理想必须要担当作为。马克思主义政党从不讳言自己的目的，共产党人就是要废除资本主义剥削，建立无产阶

① 《法兰西内战》，见《马克思恩格斯文集》第3卷，人民出版社2009年版，第157—158页。

级政权，进而解放全人类、实现共产主义。解放全人类、实现每个人自由而全面的发展追根到底都必须发展生产力、变革生产关系，这就要求马克思主义政党及其党员干部敢于斗争、勇于担当，善于作为。为无产阶级利益而奋斗是马克思主义政党的使命和责任，共产党人"没有任何同整个无产阶级的利益不同的利益"。① 只有实现了全人类的解放，无产阶级才能最终解放自己，没有担当作为精神就实现不了共产主义远大理想。

（二）担当作为是中华优秀传统文化的时代传承

1. 担当作为是中国古代永恒政治理想的实践基础

北宋著名理学家张载曾言"横渠四句"，即"为天地立心，为生民立命，为往圣继绝学，为万世开太平"。其中的"为万世开太平"是对中国古代永恒政治理想的高度凝练。《吕氏春秋·大乐》中讲"天下太平，万物安宁"②，发展到汉朝就有了《汉书·王莽传》中"九族亲睦，百姓既章，万国和协，黎民时雍，圣瑞毕臻，太平已洽"③ 的提法。《汉书》中对于"太平"的阐述同"国家富强、民族振兴、人民幸福"的中国梦的内涵具有高度的内在一致性。无论是"中国梦"还是儒家话语体系中的"太平"，其实践基础就是用"作为"来获取幸福，用"担当"来撑起民族脊梁。中国古代士大夫阶层为了实现"太平理想"，敢于担当作为，形成了中华优秀传统文化中的勤政和廉政文化，树立起中华民族的传统优秀官德。因此我们也就能看到许多古代官员因追求政治理想而写出的担当作为名句。范仲淹的"先天下之忧而忧，后天下之乐而乐"

---

① 《共产党宣言》，人民出版社 1997 年版，第 40 页。
② 《吕氏春秋集释》第五卷仲夏纪第五，中华书局 2009 年版，第 109 页。
③ 《汉书》卷九十九上，王莽传第六十九上，中华书局 1962 年版，第 4072 页。

清楚地表明了为官者必须把国家和人民的利益摆在第一位。林则徐的"苟利国家生死以，岂因祸福避趋之"清楚地表明了为官者必须敢于担当作为，不能因为个人利益名声而罔顾国家利益和民族前途，个人利益和荣辱得失都必须服从国家的需要。因此，中国传统文化中政治理想的实现必然要求从政者担当作为。

2. 担当作为是中国古代官员考核标准的重要组成部分

早在春秋战国时期，《周礼》就提出了对于官吏的六条考核标准，简称为"六廉"，即"廉善、廉能、廉敬、廉正、廉法、廉辨"①。这六个方面包含了官员的为官之德、为政之能、敬业之心、品行之维、法治之思、判事之力。"六廉"是中国历史上首次系统提出的官员考核标准，也为历朝历代的官员考核提供了范本。其最宝贵的思想正是廉与善、能、敬、正、法、辨的辩证关系，以廉为本、以德为先，其与担当作为形成了本质上的耦合。想为、能为、敢为既是对于官员廉本的考察，也是对于官员能力的考验，更是对于官员担当的考量。无论是秦统一全国后的"五善""五失"，还是唐朝以"四善"为主体的德和以"二十七最"为主体的"行"，抑或是明清时期的考绩法，都把官员担当作为的政绩作为重要的考核指标。无论历代王朝对官员考核标准如何调整变化，评价标准始终都包含两大项内容：德和绩。一个官员做得好不好，政绩是关键标准，这就要求官员必须担当作为，作出实实在在的治理绩效。

3. 担当作为是中国古代官员对于为官之道的历史总结

在"六廉"标准的影响下，中国古代官员对于为官之道和为政之德有着一系列历史性的总结，其中许多历史上著名的廉官能臣对于担当作为都有过经典论述。如《左传》中的"民生在勤，勤

---

① 《周礼正义·天官·小宰》，中华书局 1987 年版，第 163—164 页。

则不匮",韩愈所讲的"业精于勤,荒于嬉",都是在讲"作为"的重要性。百姓的生活之基在于辛勤耕耘,官员的为官之基在于担当作为、在于勤政。宋代吕本中所著《官箴》开宗明义地提出:"当官之法,唯有三事:曰清,曰慎,曰勤。"[①] 这是对于中国古代为官之道的高度总结。清廉、谨慎、勤勉,能让官员守住本心,获得上级的赏识,获得下级的尊重,获得百姓的爱戴,而一切归根结底就是官员要敢于担当作为。勤政爱民才能够得到应有的尊重,实现德行、能力与职位的匹配。担当作为是中国传统文化对人生价值的追求。古人一直将为国家、为天下作出贡献当作自己的人生价值和毕生追求,而这一价值追求不是官员所独有的,而是全体民众所共有的,"位卑未敢忘忧国"和"天下兴亡,匹夫有责"都是古人对自身人生价值的集中表达。把报效国家、天下兴亡作为自己的人生追求,这就为中国传统政治文化中的担当作为奠定了广泛的社会基础和文化氛围,推动官员和个人不能只谋私利,而必须把国家和天下的利益放在第一位。

(三)担当作为是作为使命型政党的中国共产党的价值导向

"所谓马克思主义使命型政党是指以马克思主义为指导,以对人类社会发展规律的认知与把握为前提,以人民至上为价值宗旨,以实现自身民族、国家的解放或发展为自觉使命,以推进世界大同、实现共产主义、实现每一个人的自由全面发展为最终使命,具有强烈的历史主体意识与舍我其谁的责任担当情怀的一种政党类

---

① [清] 黄宗羲原撰,[清] 全祖望补修:《宋元学案》卷三十六,紫微学案,中华书局 1986 年版,第 1236 页。

型。"① 担当作为既是使命型政党的实践力量,又是使命型政党的政治情怀,在物质世界与精神世界的双重维度中都发挥着强大作用。

使命型政党因使命而诞生,也因使命而存在。作为使命型政党的中国共产党,其初心和使命就是"为中国人民谋幸福,为中华民族谋复兴"。敢于担当作为是中国共产党对于其历史使命认知自觉而形成的内在基因。自中国共产党创立之始,就以担当作为的精神去完成每一个历史时期的艰巨使命,也凝聚成了每一个历史时期的时代价值。"在实践方面,共产党人是各国工人政党中最坚决的、始终起推动作用的部分;在理论方面,他们胜过其余的无产阶级群众的地方在于他们了解无产阶级运动的条件、进程和一般结果。"② 中国共产党人的担当作为,在实践中,推翻压迫,消灭剥削,解放和发展生产力,让国家走向繁荣昌盛;在理论上,不断总结、不断凝练,形成了毛泽东思想和中国特色社会主义理论体系。作为马克思主义中国化的最新理论成果,习近平新时代中国特色社会主义思想为中国未来的发展指明了道路和方向,也为世界各国的发展提供了中国智慧和中国方案,彰显了社会主义大国的担当。

担当作为是维护使命型政党形象和坚定人民政治认同的内在要求。"以人民为中心"的理念和行动与人民群众高度的政治认同的有机统一是中国共产党作为使命型政党的合法性的基础之一。担当作为正是坚定人民高度政治认同、维护中国共产党政党形象的实践必然。中国共产党人的行为决定了党在人民心中的形象,以担当作

---

① 李海青:《中国共产党:马克思主义的使命型政党》,《江西社会科学》2018 年第2 期。

② 《马克思恩格斯文集》第 2 卷,人民出版社 2009 年版,第 44 页。

为的精神去想群众之所想、急群众之所急、解群众之所困，才能让人民群众真正感受到作为使命型政党的中国共产党存在之意义，才能在人民群众心中维护好中国共产党的政党形象，才能坚定人民群众对于中国共产党的高度政治认同。

（四）担当作为是新时代的新要求

1. 一些干部的"为官不为"现象，暴露出了部分党员干部在理想信念方面的问题

习近平总书记提出要夺取反腐败斗争的压倒性胜利，坚持无禁区、全覆盖、零容忍的态度，在反腐高压下，有些党员、干部担心工作上会出问题，甚至会丢位置，因此就有了得过且过、不想担当、不想作为的心态，从更深层次来看，很大程度上是理想信念的问题。想担当想作为是中国共产党人理想信念的充分体现，坚定理想信念，始终是共产党人安身立命的根本。"革命理想高于天，共产主义远大理想和中国特色社会主义共同理想，是中国共产党人的精神支柱和政治灵魂，也是保持党的团结统一的思想基础。"① 想担当想作为，落到实处，便是工作积极性这一首要问题。所谓干部，就是指为人民大众服务的国家公职人员中的骨干部分。何以成为骨干？首先是要"干"，"想干愿干积极干"，也就是工作积极性。党员、干部走上领导岗位之后，需要继续保持干事创业的积极性，失去了干事的意愿，就会不担当不作为，这与组织选拔干部的初衷完全是背道而驰，不担当、不作为的行为同党员、干部的身份就形成了根本性的矛盾。

---

① 《十九大以来重要文献选编》上，中央文献出版社2019年版，第44页。

2. 为了实现新时代中国共产党的历史使命，我们党需要统揽伟大斗争、伟大工程、伟大事业、伟大梦想，并使之紧密贯通联结起来

实现伟大梦想，必须进行伟大斗争。习近平总书记提出："我们党要团结带领人民有效应对重大挑战、抵御重大风险、克服重大阻力、解决重大矛盾，必须进行具有许多新的历史特点的伟大斗争，任何贪图享受、消极懈怠、回避矛盾的思想和行为都是错误的。"① 新时代要有新气象，更要有新作为。在新的历史条件下，实现伟大梦想，要发扬斗争精神，提高斗争本领。党员、干部在具体工作中想要做到"能担当能作为"就要坚持"五种思维"，不断增强"八种本领"，切实做到理论联系实际、密切联系群众，在实际工作中不断提升能力，解决本领恐慌，实现抓铁有痕、狠抓落实，让担当作为在能力和本领的维度上拥有实力保障。

二、新时代对党员干部担当作为的具体要求

新时代对党员干部的担当作为提出了具体要求。

（一）面对大是大非敢于亮剑

新时代践行担当作为，站在政治高度，首先就要弄清楚"四个意识""四个自信"和"两个维护"的精神实质。"四个意识"，即政治意识、大局意识、核心意识、看齐意识，集中体现了根本的政治方向、政治立场、政治要求，是检验党员、干部政治素养的基本标准。"四个自信"，即中国特色社会主义道路自信、理论自信、

---

① 《十九大以来重要文献选编》上，中央文献出版社 2019 年版，第 11 页。

制度自信、文化自信，是党领导人民推动社会主义现代化建设从胜利走向更大胜利的精神动力，更是对理想信念的坚定守护。"两个维护"，即坚决维护习近平总书记党中央的核心、全党的核心地位，坚决维护党中央权威和集中统一领导，是党的政治建设的首要任务。坚决做到"两个维护"，既是根本政治任务，也是根本政治纪律和政治规矩，是牢固树立"四个意识"和坚定"四个自信"的集中体现。新时代践行担当作为，树牢"四个意识"就是在政治立场上突出检验标准，坚定"四个自信"就是在理想信念上强化理性认同，坚决做到"两个维护"就是在政治规矩上增强责任担当。

（二）面对矛盾敢于迎难而上

这一要求需要党员、干部迎难而上，不畏难，能解难。习近平总书记强调：既要到工作局面好和先进的地方去总结经验，又要到困难较多、情况复杂、矛盾尖锐的地方去研究问题，特别是要多到群众意见多的地方去，多到工作做得差的地方去，既要听群众的顺耳话，也要听群众的逆耳言，这样才能听到实话、察到实情、收到实效。各级干部特别是领导干部要结合贯彻落实党的十九大精神真正动起来、深下去，切实把存在的矛盾和问题搞清搞透，把各项工作做实做好。"'为官避事平生耻。'干部就要有担当，有多大担当才能干多大事业，尽多大责任才会有多大成就。"① 2016 年 2 月 23 日，习近平总书记在谈到改革问题时强调，"各地区各部门要牢固树立全局意识、责任意识，把抓改革作为一项重大政治责任，坚定改革决心和信心，增强推进改革的思想自觉和行动自觉，既当改革

---

① 《习近平关于"不忘初心、牢记使命"重要论述选编》，党建读物出版社、中央文献出版社 2019 年版，第 155 页。

促进派、又当改革实干家，以钉钉子精神抓好改革落实，扭住关键、精准发力，敢于啃硬骨头，盯着抓、反复抓，直到抓出成效"。①

（三）面对危机敢于挺身而出

在新冠肺炎疫情期间，党中央科学部署，党员、干部和人民群众群策群力，涌现出了一大批时代楷模，践行了新时代的担当作为，做到了面对危机、挺身而出、有勇有谋。首先，担当作为、挺身而出的勇气源于理想信念。疫情初期，许多医疗战线的工作者纷纷请战，支援抗疫一线，既显示出了医疗工作者高尚的职业道德，又显示出了他们对于共产主义的理想信念和对于国家的情怀。其次，担当作为、挺身而出还需要有战略规划和精准操作。从 2020年 1 月 25 日到 3 月 18 日，中央政治局常委会共召开了 7 次会议，全力应对此次重大突发公共卫生事件，并专题研究了疫情防控和复工复产工作。习近平总书记在做好疫情防控重点工作、维护好社会稳定工作、做好宣传教育和舆论引导工作、保持经济平稳运行、积极推动复产复工工作以及干部工作作风等方面有秩序、有步骤地进行战略部署，形成了一整套的战"疫"兵法。同时，中国的抗疫经验也为世界各国抗击疫情争取了宝贵的时间，提供了行之有效的"中国方案"。

（四）面对失误敢于承担责任

在推进中国特色社会主义现代化建设的过程中，干事创业难免会有失误的时候，如何以正确的态度面对失误，对于党员、干部和

---

① 《习近平谈治国理政》第二卷，外文出版社 2017 年版，第 105 页。

党组织是双重考验。2016年1月，习近平总书记在谈到一些干部"为官不为"的问题及扭转方法时，首次提出了"三个区分开来"的基本原则。各地根据习近平总书记"三个区分开来"的基本原则，结合本地区实际，逐步建立起了容错纠错机制，在"为何容错纠错""宽容和纠正什么样的错"和"怎样容错纠错"这三方面，全社会形成了一些基本共识。与此同时，中央进一步完善干部担当作为的激励机制。2018年5月，中共中央办公厅印发《关于进一步激励广大干部新时代新担当新作为的意见》；2015年7月，习近平总书记在全国组织工作会议上对干部工作提出"五大体系"建设要求，其中之一就是正向激励体系；2020年4月，中共中央办公厅印发了《关于持续解决困扰基层的形式主义问题为决胜全面建成小康社会提供坚强作风保证的通知》，提出："必须大力激发广大干部锐意进取、奋发有为的精气神。既要把'严'的主基调长期坚持下去，又要善于做到'三个区分开来'，加大正向激励力度，持续抓好激励干部担当作为有关具体措施落实。"①

（五）面对歪风邪气敢于坚决斗争

"无私才能无畏，无私才敢担当，心底无私天地宽。担当就是责任，好干部必须有责任重于泰山的意识，坚持党的原则第一、党的事业第一、人民利益第一，敢于旗帜鲜明，敢于较真碰硬。"②敢于较真碰硬、同歪风邪气作斗争，核心是要无私，无私则无愧、无私则身正。"诚欲正朝廷以正百官，当以激浊扬清为第一要义。"习近平总书记在谈到选人用人问题时，提出："选人用人是党内政

---

① 《关于持续解决困扰基层的形式主义问题为决胜全面建成小康社会提供坚强作风保证的通知》，人民出版社2020年版，第8页。

② 《十八大以来重要文献选编》上，中央文献出版社2014年版，第341页。

治生活的风向标，用人上的不正之风和腐败现象对政治生活危害最烈，端正用人导向是严肃党内政治生活的治本之策……要大力整治选人用人上的不正之风，使用人风气更加清朗，坚决纠正'劣币驱逐良币'的逆淘汰现象，以用人环境的风清气正促进政治生态的山清水秀。"① 在谈到党内纯洁的同志关系时，提出：党内要保持健康的党内同志关系，倡导清清爽爽的同志关系、规规矩矩的上下级关系，坚决抵制拉拉扯扯、吹吹拍拍等歪风邪气，让党内关系正常化、纯洁化。

三、新时代党员干部担当作为面临的难点

新时代不仅有新机遇，也有新挑战。党员干部面临着精神懈怠的危险、能力不足的危险、脱离群众的危险和消极腐败的危险。部分党员干部面对是非问题和歪风邪气不敢斗争，立场不坚定；面对困难危机不敢斗争，缺乏荣誉感；面对失败错误不敢承担责任，缺乏责任感。

（一）面对是非问题和歪风邪气不敢斗争，立场不坚定

改革开放以来，中国不断深化改革、开放国门，一方面融入了全球市场，提高了生产力、人民生活水平和综合国力，另一方面，西方资本主义的意识形态和消极思想也逐渐在国内传播开来。部分党员干部把经济发展作为唯一指标，忽视了思想上和政治上的进步，在大是大非问题上采取模棱两可的态度，站不稳立场。把资本主义市场经济简单地套用在社会主义市场经济之上，只看到了市场

---

① 《习近平谈治国理政》第二卷，外文出版社 2017 年版，第 182 页。

经济的表象，忽视了社会主义的本质，进而导致在走中国特色社会主义道路上犹豫不决。在西方意识形态的影响下，只看到西方形式上的民主，辨不清西方民主的实质，对中国特色社会主义制度的优越性视而不见，进而导致不敢坚定制度自信。最终，在历史虚无主义等错误思潮的影响下，否认革命历史、否定社会主义道路，进而导致不敢打出社会主义的旗帜。部分党员干部则忘记了共产党员的本色，被歪风邪气所腐蚀，面对错误行为不敢站出来反对，"好人主义"思想盛行，对形形色色违反党纪国法的腐败堕落行为不敢批评，甚至心生羡慕。部分党员干部原则立场不坚定，不注重培养高尚道德情操，逐渐庸俗化、娱乐化，身上的"一身正气""优良作风"逐渐消失，"歪风邪气"日渐加重，最终干事创业、担当作为的激情和能力变成得过且过、少干少错的形式主义，甚至滋生并逐渐发展成官僚主义、腐败堕落的违纪违法行为。

（二）面对困难危机不敢斗争，缺乏荣誉感

为官一任、造福一方。这是中国官员自古以来都秉持的价值理念。中国的革命、建设、改革事业之所以能在重重困境中"杀出一条血路来"，就是在党的领导下，无数党员干部奋不顾身、敢闯敢拼，用一次次担当作为探索出了一条正确的道路。然而，随着全面深化改革进入深水区，遇到的改革难题越来越难"啃"的时候，部分党员干部身上曾经的锐意进取、担当作为的精神却消失了。究其原因，部分党员干部是因为能力不足，面对困难不敢迎难而上。要想解决全面深化改革中遇到的硬骨头，及时跟上时代发展要求永立潮头，必须要有科学的指导思想、正确的思维方法、广博的知识素养、专业的业务能力、丰富的实践经验，部分党员干部不愿去基层一线实践、不敢变革自己脑海中的落后思维方式、不敢走出办公

室把工作交给人民群众检验，自然就不能在改革实践中锻炼自己担当作为的能力，遇到困难自然只能绕道走，不敢迎难而上。部分党员干部则错误地认为，过去自己奋斗过了、奉献过了、担当作为过了，现在应该歇一歇了，这种思想本质上是担当作为意识消退的表现。共产党员是以共产主义为终身奋斗目标的，认识世界、改造世界的过程永无止境，"歇一歇"的思想有损于党的事业和国家的发展，也有悖于自己入党时的誓言。部分党员干部则把个人利益放在第一位，面对危机不敢挺身而出、明哲保身。在百年未有之大变局下，国内外形势变化更快，如何在变局中抓住机遇变得更加困难。与此同时，全面深化改革必然会触及更深层次的利益问题，矛盾会更加尖锐激烈，党员干部干事创业、担当作为面临的风险就更大。但这不是党员干部不担当不作为的理由，共产党是工人阶级的先锋队，也是中国人民和中华民族的先锋队，党员干部要发挥先锋模范作用，更要在危机时刻担当作为、挺身而出。

（三）面对失败错误不敢承担责任，缺乏责任感

中国特色社会主义事业是前无古人的事业，中国特色社会主义实践必然不会是一帆风顺的。中国共产党在领导人民开展革命、建设的过程中也遇到过失败、走过弯路，但我们党能够及时总结经验教训、改变政策方针，最终在总结错误教训的基础上找到正确的道路。所以，遇到失败和错误并不可怕，重要的是及时改正错误。人非圣贤，孰能无过，过而改之，善莫大焉。共产党员也是普通人，在干事创业、担当作为的过程中也会犯错误。但是当前，一些党员干部却因为担心犯错误而缩手缩脚、不敢担当作为。部分党员干部没有树牢理想信念，不能客观地辩证地看待失败错误，把失败错误视为洪水猛兽，抱着宁可少做也不可做错的心态，"只想当官不想

干事，只想揽权不想担责，只想出彩不想出力"①。部分党员干部则没有豁达的心态、坦荡的胸襟，爱惜羽毛，不愿意在自己的从政生涯中留下污点。然而这种认识是一种错误的认识，干事创业不犯错误本身就是不科学的，要担当作为就必须有承担风险的心理准备、有舍我其谁的勇气。经不住批评不是共产党员的胸襟和情怀，共产党员就是要敢于接受批评，共产党的事业就是要敢于接受历史和人民的检验，批评和自我批评是我们党的优良作风，正是通过批评和自我批评，我们才能及时总结经验教训，避免再走弯路。除了部分党员干部主观上的问题外，缺少容错纠错机制也是客观原因。没有容错纠错机制，党员干部在担当作为时就始终战战兢兢，害怕突破原则而犯错误、不敢放开手脚大胆尝试，最终不利于改革事业的推进。

四、新时代党员干部担当作为 必须处理好"三个关系"

担当作为不是莽撞作为，也不是为所欲为，新时代担当作为要处理好"三个关系"。

（一）处理好"功成不必在我"与"功成必定有我"的关系

新时代敢于担当作为，要树立正确的政绩观，处理好"功成不必在我"与"功成必定有我"的关系。习近平总书记指出：功成不必在我并不是消极、怠政、不作为，而是要牢固树立正确政绩观，既要做让老百姓看得见、摸得着、得实惠的实事，也要做为后

---

① 《习近平关于"不忘初心、牢记使命"重要论述选编》，中央文献出版社、党建读物出版社 2019 年版，第 155 页。

人作铺垫、打基础、利长远的好事，既要做显功，也要做潜功，不计较个人功名，追求人民群众的好口碑、历史沉淀之后真正的评价。

"功成不必在我"审视的是党员、干部的精神境界，"功成必定有我"考验的是党员、干部的责任担当。党员、干部开展工作，有时会出现两种"怪现象"：一是"毕其功于一役"，某些干部急于出政绩，一方面为了证明自己的能力，另一方面为了更快地提职，往往会打破客观规律，揠苗助长，跑关系、要政策、拼实力、催进度，不仅破坏了工作原有的平衡状态，而且透支了事业发展的潜力，这就是典型的乱作为；二是以"功成不必在我"为托词，本着平稳过渡、"无为而治"、不求有功、但求无过的原则，面对问题，不置可否，这就是典型的不作为。事业的成功不是一蹴而就，更不是"无为而治"，而是应当秉承敢于担当作为的精神，以"功成必定有我"的态度去积极做事。能在任期内解决的问题要切实彻底解决，不甩锅推脱，而对于需要几个任期甚至更长时间的大工程，则需遵循客观规律，明确主体责任，不仅要做好现阶段的工作，更要谋长远、顾大局，为未来事业的发展奠定好坚实的基础。

（二）处理好"顶层设计"与"摸着石头过河"的关系

习近平总书记在推进全面深化改革的工作中，提出了要正确处理好顶层设计与摸着石头过河的关系。党员、干部要善于运用辩证思维，在实际工作中处理好顶层设计与摸着石头过河的关系，做到合理担当、科学作为。

摸着石头过河是改革开放初期，党在没有任何经验可以借鉴的情况下运用的工作方法，通过勇敢闯、大胆试、勤总结的方式摸索出了经济建设的基本规律，摸着石头过河是在探索经验的过程中不断总结规律的科学作为。经过四十多年的改革开放，我国经济发展取得了巨大成就，探索出了社会主义建设基本规律，也总结出了一系列行之有效的办法。做好顶层设计，把握好战略安排的系统性、整体性和协同性，是建立在摸着石头过河的基础之上的。然而，中国特色社会主义进入新时代，经济建设与社会发展遇到了全新的问题，在做好顶层设计的同时，仍然需要摸着石头过河，探索实践，解决问题，为顶层设计继续提供实践经验和规律总结。

党员、干部开展工作，首先要在调查研究的基础上做好总体规划和战略部署，这就是"顶层设计"。在工作伊始，就要全盘考虑、整体谋划，并且需要考虑到实际工作中可能遇到的问题和存在的风险，然而在切实开展工作的过程中总会遇到方方面面的问题，很多问题是工作过程中才出现的，无法做到准确的预判。此时，党员、干部就要"摸着石头过河"，逢山开路、遇水搭桥，做到具体问题具体分析，根据实际情况解决现实难题。

（三）处理好"头雁效应"与"群众路线"的关系

敢于担当作为的领导干部，信仰坚定、能力过硬、以身作则，能够在群众中起到示范带头作用，在群众中形成"头雁效应"。习近平总书记指出：要加强教育引导，注重破立并举，抓住"关键少数"，推动各级领导干部自觉担当领导责任和示范责任，把自己摆进去、把思想摆进去、把工作摆进去，形成"头雁效应"。在"头雁"带动下，充分发挥人民群众积极性，切实做到发展为了人民，发展依靠人民，发展成果由全体人民共享，接受全体人民检验。与此同时，还要把握好"度"，"敢于担当，是为了党和人民事业，而不是个人风头主义，飞扬跋扈、唯我独尊并不是敢于担当"①。唯有做好"劳模"定位，防止"个人风头主义"，才能真正形成"头雁效应"。

"在我党的一切实际工作中，凡属正确的领导，必须是从群众中来，到群众中去。这就是说，将群众的意见（分散的无系统的意见）集中起来（经过研究，化为集中的系统的意见），又到群众中去作宣传解释，化为群众的意见，使群众坚持下去，见之于行动，并在群众行动中考验这些意见是否正确。然后再从群众中集中起来，再到群众中坚持下去。如此无限循环，一次比一次地更正确、更生动、更丰富。这就是马克思主义的认识论。"② 这是毛泽东同志对于党的群众路线的精辟论述。新时代党员、干部在实际工作中要将提升个人能力、起到模范带头作用同发挥群众力量相结合，从人民群众中汲取智慧，将人民的智慧用于实际工作，在党员、干部与人民群众的积极互动中形成良性的循环沟通机制，让敢于担当作为的干部在群众中树立威信，让人民群众切实感受到敢于担当作为的时代价值。

五、新时代强化党员干部担当作为的着力点

担当作为要有抓手，新时代强化党员干部担当作为要重点抓好以下几个方面的工作。

（一）以政治历练增强党员干部担当作为的使命感

要培养干部的政治意识，引导干部从政治上看待、分析和处理问题。要善于把握好坚持和发展中国特色社会主义的根本政治方

① 《十八大以来重要文献选编》上，中央文献出版社 2014 年版，第 341 页。
② 《毛泽东选集》第三卷，人民出版社 1991 年版，第 899 页。

向，把握好世界正经历百年未有之大变局和我国实现中华民族伟大复兴的战略全局这"两个大局"，因势而谋、应势而动、顺势而为，从政治上做好相应的思想准备和工作准备。这就需要在研究制定政策时把握政治方向，谋划推进工作时贯彻政治要求，解决矛盾问题时注意政治影响。

要对干部进行严格的党内政治生活的锻炼。一个班子强不强、有没有战斗力，同有没有严格的党内生活密切相关。一个领导干部强不强、威信高不高，也同是否经受过严格的党内生活锻炼密切相关。进行严格党内政治生活的锻炼就要进行党史、新中国史、改革开放史、社会主义发展史教育，党的基本知识和党的优良传统作风教育，引导干部深刻认识中国共产党为什么能、马克思主义为什么行、中国特色社会主义为什么好。此外，批评和自我批评是加强和规范党内政治生活的重要手段，党员、干部必须严于自我解剖，对发现的问题要深入剖析原因，认真整改。党的十八大以来，通过开展主题教育实践活动，广大党员干部经受了党内政治生活的洗礼，形成了风清气正的政治生态。

要加强思想淬炼不断提升党员干部理论修养。政治上的坚定来源于思想上的清醒。要用马克思主义基本原理和中国特色社会主义理论体系，尤其是用习近平新时代中国特色社会主义思想武装干部，淬炼干部，把学习成效转化为治理能力。党的十八大以来，在以习近平同志为核心的党中央坚强领导下，广大党员干部不断提高马克思主义理论水平，并将之运用在实际工作中，使得干部队伍治理能力得到有效提升。

（二）党员干部担当作为必须增强问题导向和问题意识

提高解决实际问题能力是应对当前复杂形势、完成艰巨任务的迫切需要，也是年轻干部成长的必然要求。当前，我国发展不平衡不充分的问题仍然突出，巩固拓展脱贫攻坚成果的任务依然艰巨。广大干部需要不断提高解决实际问题能力，勇于担当作为、善于攻坚克难，自觉担负起党和人民赋予的时代重任。

担当作为必须要敢于直面问题。党员干部要在实践中不断学习，在学习中增长才干，不断有所发现、有所创造、有所前进，把认识和化解矛盾作为打开工作局面的突破口，在危机中育先机、于变局中开新局。在我国全面建成小康社会，即将迈向第二个百年奋斗目标的关键时刻，脱贫攻坚取得重大胜利的同时，我国发展不平衡不充分的问题仍然突出，重点领域关键环节改革任务仍然艰巨，创新能力不适应高质量发展要求，农业基础还不稳固，城乡区域发展和收入分配差距较大，生态环保任重道远，民生保障存在短板，社会治理还有弱项。广大干部尤其是年轻干部要深刻认识我国社会主要矛盾变化带来的新特征新要求，深刻认识错综复杂的国际环境带来的新矛盾新挑战，深刻认识经济社会发展中存在的突出问题，千方百计为民解忧，聚精会神抓发展，在解决实际问题中不断成长。

要用好调查研究这一思想武器。调查研究是发现问题的重要方法，因为这种方法最直接，发现的问题最实际。领导干部要在调查研究中把握群众所思、所急、所需，在调查研究中提高本领，需要建立和完善调查研究工作制度，使调查研究真正成为各级领导干部自觉的经常性活动。调查研究要深入群众，深入实践，不仅要"身入"，更要"心至"。要带着感情去调研，对于发现的问题不能只做个"二传手"，要搞清楚、弄明白，有些问题能当场解决的就要当场解决，不能当场解决的要对群众作出解决问题的时间等承诺，让群众对解决问题充满信心和期待，要采取多种措施推动问题的解决，兑现承诺，维护党和政府的形象。

要善于透过现象看本质，从而找到事物的规律性、倾向性和必然性。这就需要我们及时发现和处理各种苗头倾向。从偶然问题中揭示事物的必然性。在认识世界和改造世界的过程中，我们要解决问题，必须揭示事物发展的必然规律。同时要利用一切偶然的因素来推进我们的工作，并尽可能地避免和削弱有害的偶然因素的干扰，做好应对突发事件的准备。要善于抓主要矛盾和矛盾的主要方面。比如，随着疫情防控取得重大战略成果，疫情防控和经济社会发展需要统筹协调。必须抓住疫情防控和统筹经济社会发展这一主要矛盾发生的变化，在做好疫情防控，实现疫情防控常态化的同时，推动落实分区分级精准复工复产，最大限度保障人民生产生活。目前，我国成为疫情发生以来第一个恢复增长的主要经济体，在疫情防控和经济恢复上都走在世界前列，显示了中国强大的修复能力和旺盛的生机活力。再比如，对于经济社会发展中遇到的各种具体问题要进行具体分析。目前存在的一些突出问题，一定程度上与体制不健全有关。要破除各个领域既有的阻碍发展和进步的体制机制，就要创新和完善新的体制机制，对于少数干部存在的不作为慢作为、失职失责等问题，要严格执行工作责任制，铆紧各方责任、层层传导压力。

（三）不断增强党员干部适应新时代发展要求的本领能力

新时代推动党员干部担当作为，不仅要使党员干部愿意担当作为，还要使党员干部能够担当作为。党的十九大报告提出"我们党既要政治过硬，也要本领高强"[1]，党员干部必须要时刻警惕能

---

[1] 《党的十九大报告辅导读本》，人民出版社 2017 年版，第 67 页。

力不足的风险，着力提升自身的综合素质，弥补知识弱项、能力短板、经验盲区，按照习近平总书记的要求提高七种能力，在一线基层实践中不断历练自己的能力，逐步掌握适应新时代发展要求的本领和能力。

党员干部必须时刻警惕能力不足的风险。中国特色社会主义进入新时代，全面改革进入深水区，发展不平衡不充分的问题仍然突出，未来的发展将会遇到许多棘手的问题、深层次的矛盾、复杂的利益冲突，解决这些问题没有经验可循，只能在发展中逐步探索。这就需要党员干部不断增强应对重大挑战、抵御重大风险、克服重大阻力、解决重大矛盾的本领能力。我们党一直以来都十分重视本领不足的问题。在全国革命即将取得胜利的前夕，毛泽东就告诫全党要用极大的努力去学会管理城市和建设城市，进京赶考决不能做李自成。改革开放以来，面对市场经济和社会转型的挑战，我们党将能力不足的风险确定为当前必须时刻警惕的"四大风险"之一。只有提高各级领导班子和干部适应新时代新要求抓改革、促发展、保稳定水平和专业化能力，① 才能够推动新时代中国特色社会主义各项事业的发展，才能筑牢担当作为的勇气和底气。

党员干部必须着力提升自己的七种工作能力。在 2020 年秋季学期中央党校（国家行政学院）中青年干部培训班上，习近平总书记提出年轻干部要提高政治能力、调查研究能力、科学决策能力、改革攻坚能力、应急处突能力、群众工作能力、抓落实能力。② 这七种能力正是当下党员干部实现担当作为必须要掌握的核心能力。政治能力是第一位的，只有提高政治能力，才能坚定理想

----

① 《以正确用人导向引领干事创业导向》，《人民日报》2021 年 1 月 27 日。
② 《习近平：年轻干部要提高解决实际问题能力　想干事能干事干成事》，《人民日报》2020 年 10 月 11 日。

信念，不偏离正确的政治方向，对政治纪律常怀畏惧之心。只有增强调查研究能力，才能深入分析事物的本质、把握事物发展的规律、掌握事物的发展趋势和方向。只有掌握科学决策能力，才能够看得远、想得深、虑全局，才能全面权衡、科学取舍。只有提高改革攻坚能力，才能啃硬骨头、揽瓷器活，必须坚持问题导向，进而创新思维、主动求变。只有提高应急处突能力，才能应对各种风险挑战，在突发问题面前，心中有数、掌控局势、化解危机。只有提高群众工作能力，才能践行群众路线，成为群众的利益代言人，保持党同人民群众的血肉联系。只有提高抓落实能力，才能脚踏实地、真抓实干，推动改革工作开创新局面、破解真问题。

党员干部要学会善于运用法治思维和法律手段解决实际问题。领导干部在工作中会碰到各种各样的棘手问题，善于运用法治思维和法律手段解决实际问题，既会让"言必合法，行必守法"成为一种执政风尚，用自己的实际行动维护党纪国法的权威和尊严，也会使各种复杂问题的解决经得起历史、实践和人民的检验。领导干部运用法治思维和法律手段解决实际问题主要体现在深化改革、推动发展、化解矛盾、维护稳定四个方面。要善于运用法治思维调整和规范在深化改革中遇到的新情况、新问题。要为改革者提供法治保障。进一步规范改革者的改革行为，为改革者更好地大胆创新创造良好的法治环境。要用法治的方式处理效率和公平的关系，规范社会分配方式，统筹全体社会成员的利益，实现社会的公平正义。要进一步建立完善人民调解、行政调解、司法调解和行业组织调解等之间的纠纷联调机制，推动人民调解与法制教育、法律援助、行政处理、劳动仲裁、司法裁判和信访工作等有机对接，健全"大调解"格局，严格按照法律的规定和程序办事，不断提高法律的权威性和公信力。

党员干部要学会善于运用现代信息技术手段解决实际问题。随着网络信息技术日新月异，大数据对经济发展、社会秩序、国家治理、人民生活都将产生重大影响。要运用大数据解决民生领域的一些实际问题。推进"互联网+教育""互联网+医疗"等，让百姓少跑腿、数据多跑路，不断提升公共服务质量；坚持问题导向，推进教育、就业、医药卫生、住房等领域大数据普及应用，弥补民生短板；加强精准扶贫、生态环境领域的大数据运用，让大数据更好地服务社会、造福民众。

（四）党员干部要到一线锻炼，践行群众路线

党员干部担当作为必须向群众学习、走群众路线。人民群众是历史的真正创造者，"历史活动是群众的事业"①。人民群众是实践的主体，也是认识的主体，人类社会的一切智慧结晶归根结底都是由人民群众在生产生活实践中形成的。党员干部要想担当作为，必须站稳人民立场，把党的事业同人民群众紧密结合起来，才能使先进的思想理论转变为现实的生产力，推动中国特色社会主义事业发展。党员干部要想担当作为，必须善于向群众学习，学习群众在生产生活中得来的鲜活的宝贵的经验，提高自己解决问题、推动发展的能力。党员干部想要担当作为，必须深入群众，用群众喜闻乐见、易于接受的方式把人民群众发动起来，提高群众思想觉悟，让他们心热起来、行动起来，参与到中国特色社会主义伟大事业中来。要鼓励干部群众创新，善于集中干部群众的智慧解决实际问题。社会生活中存在的实际问题，人民群众看得最清楚、感受最深。只有将群众智慧转化成为谋划发展的正确思路，才能真正使问

---

① 《列宁全集》第33卷，人民出版社1985年版，第194页。

题的解决更加符合人民的愿望和要求，凝聚起干事创业的力量。要不断增强全社会的创新意识，要使人民群众争相创新，让一切创造社会财富的源泉充分涌流，这样社会就会充满生机。政府要加大简政放权力度，放宽政策、放开市场、放活主体，形成有利于创新的良好氛围，让千千万万劳动者活跃起来，汇聚成经济社会发展的巨大动能。

党员干部担当作为必须深入基层一线开展锻炼。实践是锻炼党员干部的磨刀石，党员干部本领学的好不好，能不能解决实际问题，都需要在实践中检验。党员干部的能力提升没有捷径，只有去基层一线，只有在实践中才能不断得到提升。《关于进一步激励广大干部新时代新担当新作为的意见》强调，要"注重在基层一线和困难艰苦地区培养锻炼"①，让党员干部深入一线了解问题的根源所在，深入基层锻炼自己解决难题的能力，从最微小的地方把工作做细做实，在基层一线实践的大风大浪中提升本领能力，防止"镀金式"锻炼。要加大干部到基层一线、艰苦地区和急难险重岗位锻炼的力度。建立和推行年轻干部服务基层制度，采取扶贫、支教、建立联系点等多种方式，组织年轻干部深入实际、服务基层。选派年轻干部到西部地区、革命老区、老工业基地、重点工程、信访岗位任职或挂职。注重在完成重大任务、应对重大事件中锻炼年轻干部。近年来，全国共派出 25.5 万个驻村工作队、累计选派了 290 多万名县级以上党政机关和国有企事业单位干部到贫困村和软弱涣散村担任第一书记或驻村干部。这些干部特别是青年干部了解了基层，学会了做群众工作，在实践锻炼中快速成长。

---

① 《党章党规党纪学习辅导（2019 年版）》，人民出版社 2019 年版，第 61 页。

（五）建立鼓励担当作为的考评激励机制

治国之要，首在用人；用人干事，重在导向。正确用人导向，不仅是指引干部成长进步的风向标，也是引领干部干事创业的指挥棒。习近平总书记指出，用人导向最重要、最根本、也最管用。[①]党员干部是党的事业发展的基础和关键，是党的思想、路线、方针、政策得以贯彻落实的执行者。政治路线确定之后，干部就是决定的因素。[②]党员干部贯彻落实政策到不到位很大程度上影响着政策的效果，好的政策如果贯彻落实不到位或者在贯彻落实过程中做选择、搞变通，那么最终政策效果会大打折扣，甚至出现南辕北辙的结果。中华民族伟大复兴，绝不是轻轻松松、敲锣打鼓就能实现的。全党必须准备付出更为艰巨、更为艰苦的努力。[③]这就意味着推动政策贯彻落实需要党员干部发挥主观能动性，在工作中克服困难，勇于担当作为。而推动党员干部担当作为、不折不扣贯彻落实党的路线方针政策不仅需要提高党员的党性修养和理论自觉，还要建立起直接有效的激励和鞭策机制，形成鲜明的担当作为导向。

强化"重担当"的导向，引领干部敢担当善作为，切实担负起党和人民赋予的重任。[④]新时代面临着新任务和新挑战，新的形势倒逼干部选拔机制和考核机制不断改进完善，要着力破解过去选拔用人机制中干与不干一个样、干多干少一个样、干好干坏一个样的"吃大锅饭"问题，增强考核的科学性、针对性和可操作性。一方面要注重日常工作的考核，防止被部分干部考核前的"作秀"

[①]《以正确用人导向引领干事创业导向》，《人民日报》2021年1月27日。
[②]《毛泽东选集》第二卷，人民出版社1991年版，第526页。
[③]《党的十九大报告辅导读本》，人民出版社2017年版，第15页。
[④]《以正确用人导向引领干事创业导向》，《人民日报》2021年1月27日。

工作所迷惑，把考核工作做实做细，让立足本职岗位踏实苦干的干部得到正确的评价；另一方面要注重考察党员干部在重大突发事件中的表现。危急关头有没有政治定力、有没有把人民群众放在第一位、敢不敢勇往直前，这是考察党员干部是否担当作为的关键指标，要把愿意担大任、敢于担大任、能够担大任的党员干部选拔出来，让敢担当者有为有位。

建立完善的担当作为激励机制。党员干部在一线担当作为，党组织不仅要给予充分的信任和支持，还要做好"后勤"工作，在政治上给予激励，在待遇上给予保障，在心理上给予关怀。要健全党和国家荣誉表彰机制，把在危急关头挺身而出、敢于斗争、敢于牺牲的党员干部树立为先进模范，给予他们应有的精神奖励。尤其是对危难时刻有重大立功表现的党员干部要及时给予表彰，增强党员干部担当作为的荣誉感。要完善机关事业单位的工资增长调整机制，完善奖金制度，落实加班津贴，尤其是对在艰苦地区和基层地区工作的一线党员干部，要在待遇上给予更多的支持和倾斜，让党员干部在担当作为时没有后顾之忧、更有获得感。要落实休假制度、体检制度等福利制度，关注党员干部的心理健康问题，开展丰富多彩的文体活动，增强党员干部的归属感。

（六）建立严管和厚爱相结合的容错纠错机制

党员干部在认识世界、改造世界的过程中都是从不成熟走向成熟的，犯错误是在所难免的，如果对党员干部在成长过程中、在担当作为过程中犯下的错误不加区分地惩戒，则必然会导致一大批党员干部不敢担当、明哲保身。因此，激励党员干部担当作为必须建立起容错纠错机制。

必须正确地看待党员干部工作中所犯的错误，给予客观公正的评价。干事业就必然会面临失败风险，要求党员干部在每一项推动中国特色社会主义事业发展的改革中都必须取得成功是不现实的，也不是科学的世界观和方法论。对于干部在干事创业中、改革创新中、担当作为中所犯下的错误，要从动机态度、客观条件、程序方法、性质程度、后果影响及挽回损失等方面综合考虑，严格坚持"三个区分"标准。只有区分清楚了错误的性质和程度，才能给予干部公平合理的评价，才能为敢于担当作为的党员干部撑腰打气，解除他们干事创业的后顾之忧。

坚持惩前毖后、治病救人的原则。党组织加强对党员干部的监督，不仅是为了清除队伍中的害群之马、净化组织队伍，还是为了给党员以关怀保护，时刻提醒党员不越红线。建立容错纠错机制是党的政策的重大创新，本质上是为了更好地挽救在改革创新中不小心犯了错误的党员干部，让他们不因担当作为所犯下的错误而背负心理负担，不能因为一次犯错而彻底否定，激励广大党员干部在坚持原则、依法依规的基础上争当改革家、实干家。党组织对待党员干部不仅要监督，也要容错纠错，帮助党员干部在纠正错误的基础上更长远地发展进步。既要在思想上引领、教育上培训、实践上锻炼党员干部，使他们在工作中少犯错误或不犯错误，也要坚持惩前毖后、治病救人的原则，对那些不是出于主观故意的、不是为了个人私利的、不是令行不止明知故犯的党员干部要给予一定的宽容，帮助他们改正错误，继续给他们干事创业的机会和平台。

要把握好容错的尺度。容错不是犯错误的保护伞，也不是在党的纪律监督篱笆上开小门。在容错机制建立和完善过程中，一定要区分清楚容错和纵容的差别。容错针对的是党员干部所犯的非主观的、不严重的错误，对于那些严重违反党纪国法、主观故意的错误则必须依规依法给予严厉的惩处，决不能以容错之名行纵容之实。

容错的目的是为了让党员干部更好地放下包袱、轻装上阵，重新为党和国家建功立业，容错不意味着错误没有了，而是党组织基于综合考量给予党员干部一次新生的机会。要用好"三个区分"的标准，准确把握容错制度的政策边界，真正发挥好容错制度在推动党员干部担当作为中的正向作用，防止容错制度被部分人变成逃避党纪国法约束的借口，真正做到公平正道，管理有力。

第四章　坚持原则、敢于斗争

推进伟大事业新发展，关键在党，关键在人，关键在坚持党的正确原则一往无前务实干、坚持党的正确原则坚决果断拼搏干。坚持原则、敢于斗争，坚持以党性立身做事是新时代共产党员和领导干部尤其是年轻干部干事创业、克敌制胜的重要法宝和关键所在。

一、坚 持 原 则

知不知原则、讲不讲原则、守不守原则是做人做事成败的关键。做人做事不知原则，办的就是糊涂事，做的就是糊涂人；做人做事不讲原则，办的就是便宜事，做的就是随意人；做人做事不守原则，办的就是阴暗事，做的就是真小人。坚持原则是成为好干部的必要条件，敬畏原则是推动事业发展的重要保证。坚持原则是中国共产党人鲜明的底色和锐利的棱角，守住了原则也就守住了安身立命之本。

（一）坚持原则，共产党人底色始终鲜亮

原则是说话或行事所依据的法则和标准。原则重要吗？当然重要！发表言论、阐述观点、评价事物，原则每每必提。人们往往从品读原则出发，对人对事进行价值评判和价值选择，人们常常依据原则理顺事情发生发展的内在逻辑。"原则"是人们分析解构各种社会现象和各类热点事件的密码。这也是为什么《非诚勿扰》《非你莫属》《向前一步》《焦点访谈》《问政山东》等常常占据节目收视率排行榜前列、微博抖音等网红达人发表一条言论在短时间内就能搜索破亿成为网络热搜的原因。丰富多彩的择偶标准和原则、多样化的求职原则令人津津乐道，往往不经意间就能成为茶余饭后的热点话题，而事关民生大计的施政原则尤被关注，极易挑动老百姓的神经、引发社会上的热烈讨论。

对于轰动一时的娱乐八卦等报道，老百姓们往往会心一笑、过后即忘，不论涉身其中的明星多么大牌也是一样。而每当新闻报道中出现领导干部阐述观点时，老百姓们都会聚精会神、用心记录；每当纪检监察部门打下一只"老虎"、拍掉一只"苍蝇"时，老百姓们都会手舞足蹈、拍手称赞。为什么会出现这种强烈的反差呢？拥有成百上千万粉丝的大牌明星 PK 不过小小的"苍蝇"？其中的原因就在于党的干部的"特殊身份"。中国共产党的干部，作为我国国家机关的工作人员，能够代表广大人民行使一定的公共权力，

他们的工作关系着广大老百姓的衣食住行，与人民群众的利益息息相关。全心全意为人民服务是中国共产党人的宗旨，人民立场是中国共产党人的根本政治立场。广大人民群众将党员干部作为自己最信赖、最贴心的生活依靠，党员干部一旦丧失了宗旨、立场、原则，则会对人民群众的利益造成极大的损害，对人民群众的情感造成极大的创伤。有立场有原则的党员领导干部，站在人民的立场发声发话，广大人民群众会施以信任、报以爱戴。尤其是对年轻干部来说，在从政初期便养成坚持和遵守原则的良好习惯，恪守自身的鲜明底色，无疑能够对其此后的人生道路奠定坚实的基础、指引正确的方向。在人民群众眼里，"坚持原则"并不是高深莫测的东西，而是可以"看得见、摸得着、验得清"的，是否坚持原则，是评价一个党员干部是否优秀、考验一个党员领导干部是否值得信任的重要标准。

2018 年 6 月，习近平总书记在中央外事工作会议上明确指出："当前，我国处于近代以来最好的发展时期，世界处于百年未有之大变局，两者同步交织、相互激荡。"① 值此百年未有之大变局，众多西方媒体或基于赞美，或基于煽动，或基于其他原因，不约而同地发出诸多关于"中国共产党及中国共产党人"世界之问，历史罕见。"中国共产党为什么能执政这么久？""中国共产党为什么能？""中国共产党是靠魔法实现了疫情防控吗？""中国共产党怎么就实现了全民脱贫了呢？"面对成立 100 年、执政近 72 年依然生机勃勃并不断焕发出新的生命力的中国共产党，西方诸多媒体抓破脑袋百思不得其解。其实答案很简单，因为 100 年来，中国共产党始终不忘初心、牢记使命，坚持原则干事创业。这个品格不是短期

① 《习近平谈治国理政》第三卷，外文出版社 2020 年版，第 428 页。

形成，而是中国共产党人历经 100 年的筚路蓝缕，玉汝于成。中国共产党人用 100 年的峥嵘岁月为全国各族人民交上了一份满意的答卷，为世界各国人民呈现了一个壮观的奇迹，也为党员干部自身镌刻了一种岁月难摧的品格——坚持原则。"坚持原则"作为中国共产党人的重要品格，就是解答西方媒体"中国共产党为什么不同于西方其他政党？""中国共产党为什么能创造百年伟大成就？"之问的关键。初心使命不清不楚，干事创业则晕头转向；原则立场不定不显，修德立身则皆落下乘。坚持原则是中国共产党人的重要品格。习近平总书记在庆祝中国共产党成立 100 周年大会上发表重要讲话，他指出："中国共产党一经诞生，就把为中国人民谋幸福、为中华民族谋复兴确立为自己的初心使命。一百年来，中国共产党团结带领中国人民进行的一切奋斗、一切牺牲、一切创造，归结起来就是一个主题：实现中华民族伟大复兴。"① 中国共产党人代代传承党的精神谱系、代代接续奋斗中华民族伟大复兴、代代坚持原则干事创业，他们是名副其实的"原则标兵"。

维护人民群众利益就是最大的政治、最大的原则。面对涉及亿万人民群众切身利益的大事、要事，中国共产党绝不含糊、绝不迟疑、绝不畏缩。每一次在中国共产党攻克看似不可能完成的难题、完成看似不可能完成的任务后，面对各自国内民众的诘问，西方媒体无一例外都支支吾吾给出"古老的中国有魔法，中国共产党会魔法"的神奇答案。面对横扫全球的新冠肺炎疫情这一世界性灾难，中国在疫情防控上获得了震惊世界的成绩，而以美国为代表的鼓吹"人权至上"的国家在疫情防控上却一塌糊涂。为什么在"抗击新冠肺炎疫情"这一全世界各国共同性的答卷面前，中国共

---

① 习近平：《在庆祝中国共产党成立 100 周年大会上的讲话》，人民出版社 2021 年版，第 3 页。

产党带领的中国成绩遥遥领先，而西方国家却只能望洋兴叹呢？聪明的西方民众给出了幽默而素朴的答案："当西方的政客在国会不断吵架的时候，中国共产党早已经带领中国人默默地把事情干了。"正是中国共产党人100年来始终如一地坚持原则，默默地给广大人民群众"干事情"，才推翻了压在中国人民身上的三座大山，才让中国人民真正实现了翻身当家做主的愿望，才让中国人民的好日子一天比一天红火，才让中国人民的幸福感、获得感、满足感与日俱增。

　　坚持原则，是每一个党员干部安身立命的重要法宝，是衡量每一个党员干部是否称职的重要标准，也是检验一个党员干部党性强弱与否的试金石。这个重要标准并不是一时兴起，而是基于广大人民100年来的生活巨变，检验而成。广大人民群众信赖、爱戴优秀党员干部的重要原因就在于中国共产党人"坚持原则"的重要品格。100年来，中国共产党人坚持原则干事创业，不忘初心、牢记使命服务人民，带领中华民族实现了从站起来、富起来到强起来的伟大跨越，不断满足广大人民群众对美好生活的向往，才赢得了广大人民群众的充分信赖。毛泽东、周恩来、彭德怀、焦裕禄、孔繁森、杨善洲等优秀党员被广大人民群众深深怀念的根本原因就在于他们坚持原则为人民办实事，坚持原则为人民做好事，坚持原则为人民谋利益。坚持原则是中国共产党人赢得人民群众拥护的鲜亮底色和独特"标识"，坚持原则的好干部在干事创业的过程中摸索开拓了康庄大道，让广大人民群众的生活迈上了新台阶，给广大人民群众带来了真真切切的实惠。广大人民群众在自身幸福感、安全感、获得感增强的同时，也总结出了"坚持原则"这一条衡量干部是否称职的重要标准。

　　不讲原则的领导干部本质上是"伪干部"。对于党员领导干部来说，坚持原则是一道自身的证明题。如果答题过程稍有不慎，那么就会走入歧途，广大人民群众会戳着脊梁骨给你指出来；如果答题过程公公正正、明明白白，广大人民群众会拍着手给你喝彩。可能有人会说"乱拳打死老师傅，不讲原则也能做成好事情"。这是大错特错的！邓小平同志曾经指出，"不讲党性，不讲原则，说话做事看'来头'、看风向，满以为这样不会犯错误。其实随风倒本身就是一个违反共产党员党性的大错误"。试想，不讲原则，能坚守住全心全意为人民服务的根本宗旨吗？不讲原则，能坚定尽自己所能为人民谋利益的前进方向吗？不讲原则，能把牢自己干事创业的公心吗？不讲原则的干部其实就是"伪干部"，虚假至极。原则就是红线、标线，原则指引着前进的方向，丧失了原则的领导干部是万万承受不起"人民利益"之重的，这样的"伪干部"在遇到急难险重的任务和磨炼的时候就会原形毕露、"粉身碎骨"。

　　不讲原则的党员领导干部，大多人前一套、人后一套。这种党员干部一方面假模假式地秀自身"清正廉洁、公道无私"；另一方面异常大胆地"违法乱纪、堕落腐化"，本质上是一种"分裂人格"，是政治投机者、行动两面派、道德伪君子，甚至连他们自身都不知道哪个才是真实的自己。山东省委原常委、济南市委原书记王敏就是这样的典型代表。王敏在任时，处处把原则挂在嘴边，处处跟别人讲"千万不能跟党装模作样，不能跟党耍两面派"。作为"班长"，他常常把"廉洁""清正"挂在嘴边警示教育班子其他成员，每每发言都标榜自己，"一个班子，尤其是党委书记过不了廉洁关，就没有担当的资格"。针对干部警示教育，他则深情满满地说："一个干部，能成长到局级，不容易，大家都不愿意他犯错误、挨处分，但一旦犯了错误，谁都管不了，有纪律在那儿放着！"针对干部选拔任用，王敏颇多心得，指出要"坚决整治跑官要官、买官卖官、拉票贿选和突击提拔干部等问题"，要"始终保持查办案件的强劲势头，对腐败分子，不论涉及到谁，都要一查到底、坚决惩处"。他在人前用心用情地表演着如何"坚持原则"，甚至在落马的当天上午，王敏还义正词严地严格要求济南市各级领导干部"要从典型案例中吸取教训，做到敬法畏纪、遵规守矩"。而真实的王敏则是彻头彻尾抛弃原则的人。十多年来，王敏一直在跟房地产开发商进行权钱交易，甚至在中央党校学习期间依然在北京一会所吃喝玩乐、堕落腐化。如果将"人前一套、人后一套"的精力用在增进广大人民福祉上面、用在干事创业上面，王敏的"人设"绝不会崩裂。当然，历史上从来没有如果。大肆敛财、大肆权钱交易的王敏，抛弃了原则、丢掉了党性，最终换来的是法律的制裁、人民的唾弃。

坚持原则的党员领导干部才是明大义、有担当的好干部。坚持原则的干部会心中无私、一心为民地为人处事。在他们心里，"民生大如天，道义重如山"。所以他们在面对诸多选择的时候，都会毫不迟疑地选择始终维护群众利益而不是当"墙头草""和事佬""太平绅士"，他们是不屑与湖南省政协原副主席童名谦这样的"老好人"为伍的。在发生了以贿赂手段破坏选举的严重违纪违法案件致使一届市人大代表几乎全军覆没的严峻情况下，身为衡阳市委书记、市人大换届领导小组组长的童名谦以及衡阳市委采取的措施就是"三不"——不听、不管、不查。在童名谦的认识里，当一个老好人比一个多事人要稳妥得多。多一事、管一事就会多麻烦、得罪人。即便是童名谦收到了举报贿赂选举的短信，他也仅仅是让各县区把落选人的贿赂退还回去，做好落选人的思想工作，尽快息事宁人而已。出了如此恶劣的事件，童名谦不讲原则，没有担当，漠视大义，自然会被人民群众拉下马。

坚持原则的干部始终站稳人民群众的立场，敢于担当、无畏挑战，能够义无反顾地为了人民去捅所有的"马蜂窝"。全国优秀县委书记王俊红就是这样一位明大义、敢担当的好干部。王俊红有自己的当官原则，对他这个县委书记来说所有的溜须拍马都是"喷口水"。上任之时他就敢立下"军令状"，2000多人4000多条意见成为担当攻坚的依据。针对动议了18年的"清河县老城区武松西街拓宽改造"这个老大难和"马蜂窝"，王俊红迎难而上。好多人劝他好好"掂量掂量"自己，一些退休的县领导也友善地提醒他没必要去捅破这个"马蜂窝"，几年之后安然升迁多好。但是王俊红"闭目塞听"，毅然决然地把项目指挥部设在了武松西街口，置于广大人民群众看得见、摸得着的地方。一天一调度，一周一查看。即便是遇到各种困难、各种阻力，但是为了人民群众的利益，他坚持住了。所有的困难都是纸老虎，只要敢担当就能挨个击破。最终困扰了清河县18年的"堵心路"成了人民群众的"连心路"。然而这不是结束，王俊红没有沾沾自喜，他一鼓作气又通畅了7条困扰人民的"断头路"。"越难越攻坚、越险越亮剑、越苦越奉献、越强越争先"。这就是王俊红的态度，也是他的原则。他是清河县人民群众的"父母官"，也是我党优秀的好干部。

"坚持原则"并不是口号式的话语，坚持原则的核心就是在于坚持"党性原则"。原则性问题是根本性问题，原则丢掉了，党性也就丢掉了；原则强化了，党性也就光辉了。讲不讲原则从来就不是一件可有可无的事情，讲不讲原则从来就是一件关系生死存亡的事情。作为一名中国共产党人，作为一名中国共产党员领导干部，唯有坚持原则，才能心中有信仰、脚下有力量；唯有坚持原则，才能敢于对人民负责、敢于对人民担当；唯有坚持原则，才能始终保持共产党人的蓬勃朝气、浩然正气、昂扬锐气，才能保持共产党人的底色始终鲜亮。新时代中国共产党人尤其是年轻干部一定要发扬好"坚持原则"这个光荣传统，砥砺党性，做人民群众认可的好干部，对个人成长负责，对党的事业负责，对人民群众负责。

（二）坚持原则，共产党人才能棱角分明

古装电视剧中常见运用画像的片段：官府公差拿着画像缉拿案犯，官宦家的小姐对着画像遴选夫婿。一幅简单的画像能发挥这么大作用的关键不在于画像的用纸用料，而在于画像是否精准，能否发挥匹配、衡量的功用。精准的画像能还原人物特征、言行举止、甚至是品格，以供参考、选择、判断。纵观历史，凡是在悠久的历史长河中留下不朽事迹并被后人口口传诵的人物都是有棱有角的英伟人物，他们的"棱角"虽经岁月千百年沉淀却依旧十分鲜活，包拯、狄仁杰、海瑞、于成龙等莫不如是，他们的共同点都是坚持原则，正直无私。他们在矛盾面前不回避，他们在困难面前不低头，他们在原则面前不退步，正是这种作风和精神，让世人敬仰从而流芳千古。

讲不讲原则、徇不徇私情是关系事业成败、基业兴衰的根本问题。讲原则与顾面子不可兼得，讲党性与徇私情无法融合，两者中间没有第三条道路可走。原则与面子、党性与私情并不是鱼与熊掌的关系，而是水火不容的关系。妄想两者都要抓、两者都要有是愚蠢的、可笑的。选择了讲面子、徇私情，干事创业就注定失败；选择了讲原则、强党性，基业繁荣就指日可待。这一点在中国共产党与中国国民党两个政党的不同结局上得到了充分的体现和验证。外国很多军事专家在分析中国共产党战胜国民党原因的时候，大多聚焦中国共产党的军事战略战术方面，认为国民党之所以战败是败在其作战方式上、败在国民党内部分裂上、败在"蒋介石智不敌毛

泽东"上。然而，中国共产党最终赢得胜利、中国国民党黯然败逃的其中一个重要的原因可以从两场"婚（恋）杀案"看出端倪。

为什么可以从这两场"婚（恋）杀案"中可以解读出两党不同结局的密码呢？因为案情基本相同的前提下，两党的处理截然相反，折射出了两党立党执政的本质不同：一个讲原则，强党性，靠"公"立党；另一个赏面子，弃党性，靠"私"立党。20世纪30年代，国共两党分别发生了两起大致相同的案件——张灵甫杀妻案和黄克功杀恋人案，张灵甫杀妻案在前。两起案件之间有诸多共同点：杀人者都是战功赫赫的高级将领，起因都是出于婚恋纠纷，都在各自内部引起了轩然大波和广泛的社会舆论。黄克功历经井冈山斗争、红军长征、四渡赤水、娄山关大战，可谓又红又专、战功赫赫，是深受毛泽东主席喜爱和信任的"红小鬼"；张灵甫作为黄埔军校的学生，是蒋介石的嫡系，深得蒋介石器重，年纪轻轻便身居高位。黄克功因逼婚不成，自以为"失恋是人生莫大耻辱"，一怒之下枪杀女友；张灵甫则捕风捉影，怀疑妻子出轨，开枪结束了妻子的性命。两起案件相继发生后，引起全国震动。张灵甫杀妻后，听从蒋介石、宋美龄的谋划后自首，并面见蒋介石陈述"正当"杀妻理由并陈述军功，宣誓对蒋忠心不二；黄克功杀人后及时坦承罪责，恳请特赦以求上阵杀敌、谢罪于民、死在战场。对于张灵甫，蒋介石认为张灵甫对自己大有用处，杀死区区一个女子不用过多指责，遂"下旨"干预，为其开脱；对于黄克功，毛泽东亲笔书信给当时的审判长，言明"根据党与红军的纪律，处他以极刑。共产党与红军，对于自己的党员与红军成员，要执行比一般平民更加严格的纪律"。张灵甫的判决结果是从轻发落，使其改头换面、逍遥法外；黄克功的判决结果是处以死刑，他感慨落泪，死前高呼："中华民族解放万岁！打倒日本帝国主义！中国共产党万岁！"

蒋家王朝徇私枉法、摒弃原则，以人情俘获了张灵甫这个死忠粉，表面上保住了一个忠心耿耿的将领，实际上却是在破坏原则的情况下摧毁了国民党的立党根本。当然对于蒋介石来说这没有什么大不了，"原则""公心"在他面前不值一提，自己的学生、自己的爱将才是自己人。对于蒋家王朝来说，所谓的原则、公心都是"浮云"，需要用的时候，张嘴说出来就是"用"。而对于中国共产党人来说，原则不是面皮子事情可以说不要就不要，原则大如天，原则、公心是立党之基，坚持原则、公正无私才能担起大任、才能事业长青。

"坚持原则"是党员领导干部干事创业的法宝，对党员领导干部来说，失去了棱角、没有了原则是十分可悲的。每个人都喜欢好名声，都喜欢别人给"几分薄面"，但是身为领导干部，面子并不是靠别人给捧的，别人捧起来的面子最终是深陷自己的泥潭，这种"薄面"躲都来不及。讲面子、徇私情的领导干部都是"纸老虎"，都丧失了基本的人格，沦为"面子和私情"的傀儡。电视剧《人民的名义》里的汉东省人民法院副院长陈清泉，作为法律权威的代言人，丧失了原则，丧失了党性，丧失了人民的立场，被赵瑞龙、高小琴等不法商人用"灯红酒绿"俘获。他表面上是为人民伸张正义的好法官，暗地里却换上阿谀奉承的嘴脸极尽讨好祁同伟、赵瑞龙等人，徇私枉法，将大风厂广大职工的利益无私地奉献给了高小琴等"主人"们。陈清泉给了他们面子甚至是放弃了自己，然而一旦没有满足他们利益的时候，赵瑞龙"哪冒出个青天大老爷！"的讽刺便直接唾在陈清泉的脸上，何其可怜！《扫黑风暴》里的胡所长同样如此。拿着人民和国家赋予的公权力，胡所长没有为徐英子姐弟伸张正义，没有将孙兴等黑恶势力绳之以法，而是大部分时间在办公室里量血压，大部分时间在老百姓面前

"辛勤工作"——帮老太太找花猫、给留守儿童送盒饭、指挥辖区的大妈们唱《鸿雁》。涉及人民群众切身利益、生死关头的大事要事，见不到胡所长的身影，反而孙兴等违法犯罪分子的宴请玩乐，胡所长从不迟到，甚至唱歌助兴。电视剧结尾，胡所长同徒弟喝酒时痛哭流涕，一方面是痛哭自己丧失原则后的徇私枉法没有换来自己的升职加薪；另一方面也是在痛哭自己失去了做人的尊严，痛哭自己作为一名党员领导干部失去了原则护持的高尚人格。

优秀的党员领导干部始终坚持原则，始终保持棱角分明。他们始终对人民保持着一份敬畏之心，他们从来都不会让手中的公权力沾染一丝的私人杂质。他们在干事创业面前始终敢于撕破"面子"、斩断私情，敢于同任何有损党性的违法乱纪行为说不！他们绝不做话好说、事好办的"太平绅士"。他们深知作为一名党员领导干部，手中的权力并不是自己的私有物，而是人民和国家赋予的神圣职责；他们深知作为一名党员领导干部，"面子""私情"都是捣毁自身党性、人格的"鸦片"，贪图一时的纸醉金迷和安逸享乐最终都会让自己积毁销骨。作为优秀的共产党员，他们讲原则不讲面子，讲党性不徇私情，在大义面前，他们敢豁得出去！原全国优秀县委书记陈行甲就是新时代讲原则讲党性的典范。

原巴东县委书记陈行甲自称自己"在官场的经历，比任何官场小说都精彩"。作为年轻的县里一把手，陈行甲把坚持原则落实到生活的方方面面，把讲党性贯彻到工作的里里外外。在赴巴东上任之时，陈行甲就摆出"敢于坚持原则、勇于讲原则，不被所谓面子问题所困"的姿态，在原则问题这个安身立命的根本问题上旗帜鲜明。面对人民怨声载道的巴东县腐败的官场，陈行甲高高竖立起"坚持原则、不惧斗争"的战牌，原则上的问题从不打商量，底线上的规矩绝不去碰触。针对投资巨大的平阳坝河堤工程质量问

题，来自四面八方的各种招呼都不理睬，坚定不移从党性出发做
"县委书记该做的事"，本本分分对事不对人，对人不徇私，向杂
七杂八的"中标二王""中标三王"发出"你过去中的标还没做完
的你好好地做，有任何质量问题政府和老百姓都不会饶过你的"
警告。为此，陈行甲的人身安全受到了威胁，出门办事都得再三检
查公车是否被动过手脚、是否被安有爆炸装置，而陈行甲的妻子儿
子也受到了违法犯罪分子的威胁。但是尽管行走在"鬼门关"边
缘，作为引领巴东县改革发展的带头人，陈行甲在违法乱纪问题上
"棱角鲜明"，不退一步、勇于说不。凡是涉及平阳坝河堤工程质
量问题的违法乱纪分子，陈行甲磨刀霍霍，亲自把 87 名涉案的官
员和商人拿下，让 5 名县领导 2 名州领导伏法。巡视组组长对此这
样评价陈行甲——"一身正气，一身杀气，一身朝气"。陈行甲真
正保持了一个共产党员该有的棱角。

　　大是大非问题上要讲原则讲党性，小事小节面前也要不讲面子
不徇私情。俗话说得好，"勿以恶小而为之"。党的十八大以来，
诸多落马官员在狱中的忏悔录上写道"最初的沦陷就是在小事情
讲了面子、徇了私情"。小事上没有守得住"原则"一关，拿自己
的权力徇了私情，给自己的党性上蒙上了阴影，大事情上怎么可能
会筑牢秉公办事的防线。震惊全国的"孙小果案"不就是讲面子
不讲原则、徇私情不讲党性的结果吗？恶贯满盈的孙小果从被判处
死刑到 20 年有期徒刑，又经 3 次减刑后，实际服刑 12 年 5 个月出
狱，这一惊天离奇的翻转背后实际上并没有吃瓜群众臆想的通天大
人物身影。层层调查发现，这一切都是孙小果继父李桥忠，一个区
城管局长的杰作。一个小小的区城管局局长难道有了不得的本领？
实际上也没有。这个区城管局局长并没有使用什么"魔法"，而是
通过"朋友圈""战友圈"这一网络，层层托人请托，层层请客送

礼，成功打通了立案关、审判关和监狱系统等层层关。或许有人会想，打破了层层关节，这个关系费得海了去了吧？吃瓜群众又想错了。实际上其中各个关节的关键人物并没有收受多少钱财贿赂，只不过他们或多或少都是这个区城管局局长关系人脉网上的一环。这个区城管局局长将中国式的"人情大法"用到了极致，通过人情、面子等手段不断扩散交际圈、朋友圈，这些朋友聚在一起也推崇"有朋友好办事"的"真理"。就这样，区城管局局长便轻而易举地靠"面子""人情"把众多"哥们儿""朋友"拉下了水。而他的这些朋友在接受审查时给出的答案也是"磨不开面子，推不掉人情"。可见，原则问题、底线问题容不得半点马虎，一旦过不了"人情关""面子关"，等待自身的就会是"牢狱关"。

有人说，中国自古以来就是一个人情社会，讲面子、徇私情身不由己、无可厚非。这话听起来言之凿凿，实际上是漏洞百出。今日的中国已经不是昔日的中国，旧有的一套说辞在新时代的中国已经完全没有立足的"土壤"。从法理的角度来说，每个人的合法权利都受到法律保护，难道不讲面子、不徇私情别人还能强迫不成？从人情上来看，所谓的人情都是有来有往，如果自己不期待从对方那里获取什么灰色利益，不讲这个面子和私情也无所谓患得患失。可见，从法理上和人情上来看，讲面子、徇私情都是站不住脚跟的。为什么那么多的人沦陷于讲面子、徇私情的旋涡之中无法自拔呢？归根结底还是自我的欲望在作祟，自我没有把持住自我的缘故。很多落马贪官在忏悔录里都表达了悔不当初的念头。讲面子、徇私情从根本上看就是一群各怀鬼胎的人在一起拉帮结伙、蝇营狗苟以图干一些见不得人的勾当。一公则万事通，一私则万事闲。这帮人在一起堕落腐化，把公心束之高阁，把私情牢挂心上，满嘴的仁义道德，甚至满肚子的"男盗女娼"。直至面对党纪国法制裁的时候，兄弟情分不顾了，哥们义气不讲了，一个个"幡然悔悟"。然而殊不知，在他们肆意徇私枉法、勾肩搭背大谈情分的时候，他们已经完完全全丧失了一名共产党人的资格，被广大人民群众牢牢地钉在耻辱柱上了。

讲原则不讲面子、讲党性不徇私情是共产党人保持棱角、安身立命的根本。如果讲了面子、徇了私情，把头上的棱角磨掉了，把身上的护刺拔掉了，这个领导干部就丧失了人格、丧失了追求，成为各种"庸俗低贱"的俘虏。对年轻干部来讲，更要守住原则、守住大义，千万不能抱有任何幻想，在原则问题上决不能含糊、更不能退让、万不可商量，秉公办事、铁面无私，唯有如此才能始终把党和人民放在心中最高位置，刻画出属于自己的那幅"一心为公、一身正气、一尘不染"的新时代好干部自画像。

二、敢 于 斗 争

斗争无时不在，无处不在。斗争是艰辛的，斗争又是必经的试炼，任何成绩的取得都是历经或大或小、或轻微或严峻的斗争得来的。不经历斗争，是无法开创历史的；心存幻想，是难以干事创业的。唯有经受严格的思想淬炼、政治历练、实践锻炼，提升斗争意识，发扬斗争精神，增强斗争本领，敢于斗争、善于斗争，狭路相逢之时方能披荆斩棘，克敌制胜。

（一）敢于斗争才能干事创业

"相亲"是一个很有意思的话题。对于现在很多年轻人来讲，相亲不亚于一场斗争，整个过程充分考验着相亲双方的心智和本领。经历过相亲的年轻人，都会不约而同地心有感慨——不经历一场相亲，怎能磨炼出坚韧的求偶心智，练就一身过硬的择偶本领。相亲失败的人都不太愿意再次去体验相亲斗争的滋味，渐渐畏惧相亲。殊不知，如果在相亲斗争面前心有畏惧、踟蹰不前，天上是绝不会掉下一个"林妹妹"或"峰哥哥"的。同理，对于党员干部来说，要想干事创业、要想获得百姓夸赞，面对矛盾绝不能患软骨病，面对斗争绝不能成软壳虾，要以大无畏的斗争精神去攻坚克难，勇作敢于斗争的"战士"。

中国共产党百年波澜壮阔的历史，亦是百年无畏斗争的历史。100 年来，中国共产党干事创业并不是一帆风顺的，引领中国发展之路的重任并不是轻轻松松的。成立于中国危难之时的中国共产党，首先面临的就是如何带领中国人民站起来。帝国主义、封建主义、官僚资本主义，各式各样的敌人虎视眈眈，早期革命先辈们的斗争对手没有一个是"善茬"。面对兵力十足、装备精良的日本侵略者，在"三个月灭亡中国"的威吓下，在中国处于亡国灭种的生死边缘，中国共产党人没有退路。14 年艰苦卓绝的斗争让逞强斗狠的日本人知道了中国人大无畏的斗争精神和屹立不屈的民族血性。自 1921 年中国共产党成立至 1949 年毛主席站在天安门城楼上向全世界庄严宣告"中华人民共和国中央人民政府成立了"，中国共产党人团结带领全国各族人民整整奋斗了 28 年，斗争了 28 年。在 28 年间无数次的惨烈斗争中，中国共产党人以不惜生命的代价战斗到了最后，击败了远胜于己的敌人，赢得了最后的胜利，中国共产党人的骨子里凝聚了"百折不挠、威武不屈"的斗争基因。新中国成立后，纵使面临美帝国主义释放原子弹的恫吓，中国共产党人也无惧朝鲜战争、对越自卫反击战，坚决斗争到底、勇于胜利，维护国家安全、保障人民安居乐业。进行社会主义革命，开展"三反""五反"运动，据理力争恢复在联合国合法席位，轰轰烈烈敞开大门推进改革开放，稳扎稳打地赢得脱贫攻坚最后胜利，积极有效地部署抗击新冠肺炎疫情阻击战，中国共产党人以无所畏惧的勇气和敢于斗争的精神积极面对干事创业过程中的各种挑战。100年来，中国共产党人在斗争中磨砺成长，铸就了"敢于斗争"的伟大斗争精神。

斗争意味着艰辛，敢于斗争就要时刻强化斗争观念。敢于斗争要丢掉不切实际的幻想。所有的人都想要厄里斯留下的"金苹果"，然而"金苹果"的归属只能由斗争决定。形象地来说，斗争是一个称职的"铁面判官"，斗争从来都不会给参与的人大打折扣。世间任何的成功、奖赏都是斗争过后的产物，期待天上掉馅饼的"坐等靠要"的做法是极其天真的、不值得怜悯的，妄想当一个"和事佬"进而平步青云是极其可恨的。干事创业最忌讳的便是"坐等靠要，稳坐钓鱼台"，最深恶痛绝的便是"浑水摸鱼打太极，当老好人"。命运之神绝不会眷顾畏畏缩缩的"和事佬"。没有斗争观念、没有斗争意识的人，无一例外都会被现实无情地打击、一无所得；只会坐等靠要、当太平绅士的领导干部，有一个算一个，无一例外都会被斗争判处出局、一败涂地。

电视剧《人民的名义》中孙连城就是一个彻头彻尾的无斗争观念无斗争意识的"佛系"干部。作为一区之长，脑子里没有丁点儿斗争观念，没有丁点儿斗争意识，只知道一味地往后撤、一味地等靠要，并且自以为看得开、看得透，仿佛天底下就自己一个"太平绅士"。"大风厂事件"发生后，面对市委书记李达康的问询，孙连城胸脯一拍，底气十足地回答说"您说怎么办就怎么办"，脑子里对"大风厂事件"的复杂性、严峻性、长期性矛盾问题没有丁点儿了解掌握，张口就来口号式的表态。待李达康分配完摊派资金额度后，孙连城又在那里脸一扭，摆出一副十分委屈难做的姿态，嘴里念叨着"实在没钱了，光明区的地都被丁义珍卖得差不多了"。孙连城看似在跟李达康据理力争，实际上就是一个没有斗争观念、斗争意识的"软散人"。副市长兼光明区区委书记的丁义珍将辖区的地都卖了，作为光明区区长的孙连城难道不知道其中的违法乱纪行为吗？作为一个班子里的同志，孙连城难道没有机会对丁义珍的拍脑袋决策和一言堂行为进行反对、制止、抗争吗？机会肯定是有的，但是孙连城就喜欢当一个旁观者看星星、"看热闹"，安安稳稳当自己的"太平绅士"，党的纪律、区长的职责、人民的利益在他眼里不值得去捍卫、去斗争。假若孙连城把看星星的时间精力用在强化自身斗争观念上，用在研判同违法乱纪作斗争的策略上，前后多想想如何打倒丁义珍这个损害人民利益的"硕鼠"，左右多找如何强化自身斗争能力的法宝，上下多问问如何赢取斗争胜利的智慧，丁义珍这个害群之马肯定早就被绳之以法了，"大风厂事件"也绝不可能发生了，"当官不为民做主"的帽子也就不会落在他的头上。孙连城看起来没有同丁义珍同流合污，但是孙连城丧失了党性、丧失了原则，没有敢于同违法乱纪行为坚决斗争，实际上，他同丁义珍是一路货色。

现实中驰于幻想、畏惧斗争却做着名垂青史美梦的干部不在少数。一些党员领导干部整天琢磨的不是如何增进人民福祉，而是整天在认认真真推算着如何才能更快晋升。河北省国税局原局长李真就是这样一个爱幻想的领导干部。28岁当上河北省领导秘书的李真，英姿勃发。按道理说，这个年纪正是发扬雄心壮志，撸起袖子加油干事创业的阶段，但是李真却不这样，他患上了"幻想晋升综合征"——他的办公室里挂满了大大小小与上级领导的合影，逢人便炫耀着自己的"特殊关系""特殊背景"；每每与人谈话都不忘来一句"我这回跟你谈了半个小时，可是高看你了"……天天幻想着将来自己会当书记、副总理，提前预演着"摆谱"，俨然一副"二当家"做派。但是幻想终究不是现实。李真天天幻想，在具体事情上不管不顾，不去为人民群众的利益斗争，在大是大非问题上总是畏畏缩缩，这样的领导干部怎么可能会得到群众的拥护呢？得不到群众拥护的领导干部，组织上又怎么可能把他放到更高更重要的位置上去呢？天天幻想着掉馅饼的事情，大部分时间用来费尽心思跑关系、拉人脉，想尽一切办法去捞取"政治资源"强壮自身，到头来只会全部化为一场虚空。人民群众的拥护就是最大的"政治资源"，敢于斗争的精神才是最强的晋升武器。

斗争意味着艰辛，敢于斗争就要时刻磨炼斗争意志。中国共产党能够从小到大、从胜利不断走向胜利的根本原因就在于中国共产党人特别能吃苦、特别能坚持、特别能战斗。在百年的斗争历程中，中国共产党人面对各路军阀没有退却过，面对日本侵略者没有退却过，面对国民党反动派没有退却过，面对美帝国主义没有退却过……每一个斗争对手都数倍强于自己，但是为了民族大义、为了百姓利益，中国共产党人挺身而出，以血肉之躯堵上去，以斗争意志撑下去。血肉之躯的中国共产党人并不可怕，尤其是革命战争年代吃草根、啃树皮的营养不良的中国共产党人，但就是这样一群在敌人眼里"轻松地如踩死一群蚂蚁一般"的斗争对手，却依靠不屈的斗争意志顽强地挺了过来并赢得了斗争的最后胜利。中国共产党人如"亮剑"般的斗争意志是最具威慑力的武器。

"三军可夺帅也，匹夫不可夺志也。"唯有时刻磨炼意志，斗争起来才不会前有畏畏缩缩、中有投降了事、后有不过而已的念头。敢于斗争，贵在拥有坚强斗争的意志。美国五星上将麦克阿瑟就被中国志愿军的不屈斗争意志深深地折服。朝鲜战争结束后，他对骄傲自大的美国人发出了"谁要想跟中国陆军打仗，那他简直是有病"的警告。1950 年 11 月 27 日至 12 月 24 日，中国人民志愿军与"武装到牙齿"的美国王牌军队在朝鲜长津湖地区狭路相逢。之前，麦克阿瑟在美国总统杜鲁门面前大放厥词，"中国人绝对不敢进入朝鲜，如果真敢进入到半岛直面联合国军，必将血流成河"。然而长津湖战役过后，美军一个整团被史无前例地全歼，美军部队开始了"路程最长的退却"。武器装备世界一流、威名赫赫的美军部队被"全身简陋"的中国人民志愿军"kick ass"，这震惊了世界。中国人民志愿军赢得最终胜利靠的不是什么神秘东西，靠的就是坚强的斗争意志。为了给敌人出其不意的打击，中国人民志愿军翻山越岭、忍受酷寒，十万多人在厚厚的积雪和树林中昼伏夜行，以惊人的意志克服了艰难险阻"从天而降"，与美军在零下三四十摄氏度的严寒中苦斗了 20 余天。斗争是残酷的，曾有美军记者采访一个用刺刀艰难打开罐头的陆战队士兵："如果上帝能够满足你的一个要求，你最需要什么?"那个士兵头也没抬地回答，"给我明天吧，让我回去吧"。而志愿军也伤亡惨重，美军的一份史料对此叙述道："中国人在地面战斗，空袭，及严寒的天气里伤亡巨大。由于没有适当的御寒服装，志愿军的战斗力因为大批士兵被冻死冻伤而被严重削弱。大部分志愿军耗光了在过江时随身携带的弹药，而且食品也供应不上。"大撤退的路上，美军发现了一个奇异的现象，"中国军人为什么一直举着枪、揣着手榴弹而不进攻呢?"这并不是志愿军大意或是胆怯，更不是耶稣拯救美军而降下的福音，而是中国人民志愿军战斗到最后一刻，志愿军战士都被冻成了冰雕的缘故，而这样的冰雕连多达 3 个。恶劣的自然环境、强大的斗争敌人没有吓到中国人民志愿军，没有棉袄没有弹药没有物资的中国人民志愿军迎难而上，以意志为矛、血肉为盾，顽强地战胜了敌人。他们用斗争到底的斗争精神向不可一世的美军证明了

"谁是最可爱的人"。

斗争意味着艰辛，优秀的中国共产党人敢于斗天斗地斗敌人，敢于以"黄沙百战穿金甲，不破楼兰终不还"的斗争精神战斗到最后一刻。革命战争时期如此，和平建设时期也一样。荒漠变成绿洲，塞罕坝由寸草不生变为世外桃源，三代"造林人"半个多世纪与老天爷持续斗争，以惊人的斗争精神终将百万荒漠化为诗意林海，让"绿水青山就是金山银山"的绿色发展理念得以生动诠释。中国用50多年的斗争向世界证明了"沙漠是可以被征服的"。九天揽月近在咫尺，飞天梦想终成现实。2000多年以来，中国人心怀梦想、奋勇拼搏，一个脚印一个脚印坚强迈进，终于实现探月航天梦想。一代又一代航天人身上特别能吃苦、特别能战斗、特别能攻关、特别能奉献的载人航天精神让世界为之震撼。脱贫攻坚并不是一句空话，9899万农村贫困人口全部脱贫，832个贫困县全部摘帽，12.8万个贫困村全部出列。在中国共产党的领导下，在中国共产党100年来的不懈斗争下，消灭绝对贫困的斗争取得了最终胜利，彪炳史册的人间奇迹在神州大地上壮丽呈现，这是中国人民的伟大光荣，是中国共产党的伟大光荣，是中华民族的伟大光荣。中国用100年的时间向世界证明了中国不仅可以解决"吃得上"的温饱问题，还正在向"吃得好"问题不断发起冲刺。新中国成立70多年、改革开放40多年以来，武力威胁、军事挑衅、贸易争端等等各式各样、大大小小的斗争层出不穷，但是中国不怕斗争，中国不惧斗争，无论敌人多么可怕，敢于斗争、敢于胜利是中国共产党不可战胜的强大精神力量，是亿万中华儿女奋力实现中华民族伟大复兴的强大精神力量，这种坚强的斗争意识压制不了，这种顽强的斗争意志磨灭不了，这种伟大的斗争精神必将护航新时代中国特色社会主义建设事业发展乘风破浪，再创辉煌！

当前，中国正处于中华民族伟大复兴的关键时期，广大人民群众对美好生活的向往越发迫切，新时代中国特色社会主义发展道路上面临的机遇与挑战越来越复杂，党员领导干部尤其是年轻干部更需要增强斗争意识，发扬斗争精神，敢于斗争，赓续中国共产党人代代传承的"斗争精神"优秀基因。面对新时代新任务新挑战，年轻干部一定要克服焦虑、克服胆怯，要始终坚定坚强的斗争意志，以无畏的斗争精神迎难而上，诠释自己作为一名共产党人的风骨和气节。无论是"黑天鹅"还是"灰犀牛"，广大年轻干部只要坚定斗争意志，准确把握世情、国情、党情，以昂扬向上的斗争精神扎扎实实地推进自我改革发展，"打得一拳开"才会"免得百拳来"，新时代的长征路必定会越走越平坦。争做敢于斗争的战士，不做爱惜羽毛的"绅士"，每一个年轻干部都将会在干事创业的大潮中乘风破浪、绘就崭新篇章。

（二）善于斗争才能克敌制胜

中国有一本被外国人奉若神明的书，被外国人翻译为《Art of War》。在 1983 年的英译注释版本中，亚洲问题学家史克威尔在前言中写道："我推荐这本书成为一切政界人士乃至大学生的必读作品。如果有幸当选总统，我要以法律的名义要求所有官兵每年参加两次考试，要笔试加口试，95 分才算及格，考不及格的人要降级处理，想上诉的话就罢免他们的官衔"。这本书就是《孙子兵法》，专门讲述斗争策略。《新闻周刊》甚至评论道"掌握了这本书的要义，你就可以把那些现代管理学的垃圾全扔了"。越来越多的外国人从中获得启迪，越来越多的美剧如《越狱》《纸牌屋》《绝命毒师》中也频繁提及《孙子兵法》。为什么《孙子兵法》热潮在国外经久不衰、被外国人如此热捧呢？因为《孙子兵法》把斗争的精髓讲得清清楚楚、明明白白，蕴含其中的克敌制胜的斗争策略令人心悦诚服。斗争并非全然是简单粗暴、鸡飞狗跳，斗争也讲究方式方法，正如习近平总书记所说"斗争是一门艺术"，斗争是一门方法、思维、智慧，要善于斗争。简单粗暴地去斗争，结果必然得不偿失；"软硬相兼"地去斗争，方能快速克敌制胜。

盲目冲动、不懂变通的领导干部不是好干部。斗争的目的在于以最小的代价获得最大的胜利，领导干部如果把斗争当作争斗，简单粗暴地处理矛盾，只是用一把子力气想当然地去硬撞，这样的干部绝不是睿智的，斗争的下场往往是极其惨痛的。历史上因为不懂得斗争这门艺术技巧从而以凄惨收场的例子不胜枚举。鲁迅曾评论西汉政治家、文学家晁错的政论文"疏直激切，尽所欲言"。按道理来说，深得鲁迅如此称赞的晁错，在历史上应该会成就一番光辉伟业，在众多历史名人中占据一席之地。然而令人惊讶的是，晁错留给后人最深刻的印象居然是成就了"清君侧"借口的"传奇"。实施分封制的西汉，汉文帝、汉景帝时国力昌盛，但是各路诸侯各自为政、作势做大，严重影响了中央集权，中央与封国之间的斗争日益严峻。作为汉景帝的老师和自家人，此时的晁错深受汉景帝信任，官职一路快升，成为三公之一的御史大夫。俗话说新官上任三把火，晁错有皇帝这个最大的"政治资源"加持，随即便开始了他的削藩表演，直言上疏《削藩策》，指出："今削之亦反，不削亦反。削之，其反亟，祸小；不削之，其反迟，祸大。"按道理说"削藩"这种事项要经过会议的认真讨论，通盘考虑削藩的后果，合理制定削藩的策略、方案，将斗争的影响降低到最小。然而自信心爆棚的晁错有皇帝这个最大的"政治资源"，不将各路藩王看在眼里。众朝臣中除了一个"不识大体"的窦婴发声反对外，均以无声的叹息回应。晁错父亲面对这个"不听老人言"的儿子强行削藩的神操作，屡劝无效后，服毒自尽。晁错就这样没有了后顾之忧，于是便甩开膀子，触发了激烈的削藩斗争。

斗争是激烈的，这在晁错的意料之中；各路藩王不是吃素的，这在晁错的意料之外。削藩令颁布十天后，各路藩王没有老老实实认罪伏软，以吴楚为首的七国以诛晁错为名第一时间集结反叛。晁错这个"始作俑者"，第一时间同汉景帝商量出兵讨伐，并且为了彰显汉家天子权威，建议汉景帝御驾亲征，自己则坐镇都城调兵遣将，当然，皇帝也不是好蒙骗的。江山社稷要亡的节奏让汉景帝心惊胆战。七国之乱的爆发让汉景帝反思了削藩的方式方法。眼看现在削藩斗争要失败了，作为天下之主的皇帝必须"及时止损"，更改斗争策略。汉景帝首先秘密接见了吴国原丞相袁盎，掌握七国之乱的第一手素材。接着采纳了袁盎的建议，牺牲晁错以熄各藩王的怒火，派遣袁盎秘密出访吴国。然后下诏，骗晁错上朝议事。天真的晁错此时毫不知情，天真地坐在车里憧憬着汉景帝会为了江山社稷亲自征讨七国的画面。然而现实再一次给了"不懂斗争是一门艺术"的晁错狠狠的教训。穿着朝服的他茫茫然地听完了诏书后，便被腰斩了！晁错的死在短时间平息了各路藩王的怒火，各路藩王一时间也丧失了斗争的借口，这为汉景帝秘密调兵遣将、储备粮草赢得了喘息的时间。在做足了各项准备、制定了详细的作战蓝图后，汉景帝便降诏讨伐，不到三个月的时间就取得了斗争胜利。在平定七国叛乱这次斗争上，晁错是失败的。作为老师的他没有做好做足功课，因为自己的莽撞引发七国之乱这个斗争，继而不懂斗争技巧又差点让国家处于崩溃边缘。从这一点看，晁错不善于斗争，在斗争问题上晁错是名副其实的"二百五将军"。然而，晁错又是成功的。汉景帝作为晁错的学生，因时因地更换了斗争策略，最终平定了七国之乱、取得了最后胜利，尽管这个胜利是建立在腰斩老师的基础上，呜呼哀哉！

要想实现我们党确定的目标任务，必须发扬斗争精神，增强斗争本领。中国共产党带领广大人民群众从站起来、富起来到强起来的历史性跨越是在一次次斗争中实现的。正如习近平总书记指出的，建立中国共产党、成立中华人民共和国、实行改革开放、推进新时代中国特色社会主义事业，都是在斗争中诞生、在斗争中发展、在斗争中壮大的。增强斗争本领，本质上来讲就是要学会斗争，善于斗争。对于中国共产党人来说，斗争不可怕，中国共产党人正是在一次次斗争中成长壮大，正是在一次次斗争过后完成蜕变，绘就出代代相传的精神谱系，凝聚出动人心弦的伟大建党精神。可以说，斗争成就了中国共产党，斗争磨砺了中国共产党人。革命战争年代，中国共产党人将斗争升华为艺术的事例比比皆是。

在众多反映抗日战争、解放战争等题材的电视剧中，有一部电视剧虽然已经过去了 16 年，但是依然是大多数人心中的国产抗战剧巅峰。它重播了三千多次，超过十万人在豆瓣上为它打出了 9.3 的高分。这部电视剧就是《亮剑》，讲述了革命军人李云龙在斗争中不断成长、始终保持军人本色的故事。观众对于剧中的李云龙赞不绝口，一方面李云龙的热血担当、有情有义让人深受感动、催人泪下，另一方面李云龙的足智多谋、出人意料令人拍案叫绝、发人深省。不同于其他抗日神剧，剧中的主角李云龙的原型脱胎于我党优秀的将领——王近山，剧中李云龙的斗争传奇也是王近山将军善于斗争的生动写照。王近山将军骁勇善战，多次浴血冲锋，人称"王疯子"。美誉是"王疯子"，可是他做事却不疯，斗争起来灵活机动，火候把握得恰当精准。每每看《亮剑》，每逢军事作战斗争，都会被李云龙的"鬼点子"所折服。现实中，作为"二野两朵花"之一、中国"朱可夫"的王近山，在抗日战争年代经常对日本侵略者进行现实版教学。泥腿子出身的王近山，打起仗来不照搬、不照抄，"野路子"招式经常让名牌大学毕业的日本军官捶胸顿足。拥有"主场优势"的八路军武装队伍，面对日本侵略者兵多将广、装备先进的优势也着实有些伤脑筋。敌我力量悬殊巨大的现实状况并没有让王近山自怨自艾，他充分发扬斗争精神，因时而动、顺势而谋、善于胜利成为王近山成功的口诀。

1937 年，王近山受命在山西娘子关地区的七亘村伏击敌人。正面迎头痛击敌人肯定是行不通的，王近山遂命令部队在敌人行进的七亘村及甲南峪一带，以逸待劳，做足了隐蔽工作——埋伏地点距离日军侵略者行进的大道最近不足 10 米，将天时地利的主场优势充分运用。结果可想而知，战斗一打响，一会儿就结束，干净利落地消灭了 300 余名敌人，开开心心地收缴了一天一夜的战利品。可想而知，日本侵略者在得知此噩耗后会多么地暴跳如雷，对全世界"三个月灭亡中国"的喊麦话音未落，就啪啪打脸了。日本侵略者为了洗刷战败的耻辱，再次增兵以图雪耻。针对日本侵略者的军事动作，王近山在第一次胜利的基础上，一反"战胜不复"的军事常规，为了日本侵略者完完整整地复盘，在同一地点再次伏击，再一次给日本侵略者上了一堂生动的"王近山式"军事教育课，让日本侵略者"温故而知新"。解放战争时期，王近山将军也给众多黄埔军校毕业的国民党将领当了多次"教导员"。1948 年襄樊战役中，王近山撇开了历史上攻取襄阳必先夺占南山的案例，充分研判了斗争双方的军事力量和战场实际，大胆采用"撇山攻城，猛虎掏心"战术，出乎国民党将领的意料，集中兵力直捣西门。"异想天开"的作战方案让一众黄埔精英们瞠目结舌，两天即攻破城门全歼敌人的压倒性胜利让被俘的国民党第 15 绥靖区中将司令官康泽和中将副司令官郭勋祺无言以对。事后，朱德总司令评价此战为"小型模范战役",刘伯承元帅也给予了"王疯子"高度赞誉,"在襄阳攻城中,王近山指挥的6纵起主导作用"。

俗话说得好,打江山易,守江山难。和平年代的斗争更需要凝聚斗争智慧。实现中华民族的伟大复兴,不断满足人民对美好生活的向往需要每一个共产党人尤其是年轻干部不断发扬斗争精神,增强斗争本领。当前,世界正处于百年未有之大变局,社会正处于快速发展变革中,广大人民群众对美好生活的向往越发的迫切,倘若在斗争本领上缺课、掉队、欠账,党员领导干部将难以在矛盾运动中不断前进,就难以担负起中华民族伟大复兴梦想的引领责任,贵州瓮安县"6.28"事件就是极其深刻的教训。

众所周知,大到军事战争、外交争端、贸易斗争,小到社区干群矛盾,斗争时时都在、处处都在。新中国成立70多年以来,中国共产党人带领广大人民群众积极斗争,打破了西方的封锁,打赢了朝鲜战争,恢复了在联合国的合法席位,加入了世界贸易组织,取得了脱贫攻坚战的最后胜利,打出了中国应对新冠肺炎疫情防控全球阻击战的优秀成绩单……建党100年来,中国共产党之所以能攻克一个个娄山关、腊子口,立于不败之地的原因就在于将马克思主义普遍真理同中国具体实践相结合,具体问题具体分析,在不断总结斗争经验、增长斗争本领中善于斗争,从而不断走向胜利。中国共产党优秀的领导干部在处理各种矛盾、各种斗争的过程中绝不是"一手招永不变""一根筋通到底""一条路走到黑",绝不会在斗争的世界里有勇无谋、不知变通地横冲直撞,而是将"硬功夫"与"软功夫"相结合,在坚持原则、坚定立场、坚守方向的基础上,凝聚斗争精神、强化斗争本领,积极斗争、善于斗争,从而不断生成中国共产党人的斗争精神密码,谱写中国共产党人克敌制胜的斗争赞歌。习近平总书记指出,"中华民族伟大复兴,绝不是轻轻松松、敲锣打鼓就能实现的"①。当代中国正处于近代以来中国历史上最接近中华民族伟大复兴目标的重要时刻，中国共产党人要慎终如始，在新时代波澜壮阔的伟大实践中不断发扬斗争精神，不断增强斗争意识，不断增强斗争本领，敢于斗争、善于斗争，方能乘风破浪，继续开创下一个灿烂的百年辉煌。

---

① 《习近平谈治国理政》第三卷，外文出版社2020年版，第12页。

第五章　严守规矩、不逾底线

没有规矩，不成方圆。没有底线，无以立业。中国共产党人的规矩和底线，是建党立业的根本，关系到中国特色社会主义事业的成败。年轻干部是党和国家事业的生力军。年轻干部能否严守规矩、不逾底线，是全面从严治党的关键一环，对党和人民的事业来说意义重大。2021年9月1日习近平总书记在2021年秋季学期中央党校（国家行政学院）中青年干部培训班开班式上的讲话中指出，年轻干部要讲规矩、守底线，要严以修身、严以律己，正心明道、怀德自重，始终把党和人民放在心中最高位置。规矩和底线是中国共产党的纪律框架。严守规矩、不逾底线，是年轻干部的责任和义务。党的十八大以来，中华民族伟大复兴进入关键时期，百年未有之大变局加速演进。党面对的挑战和风险日益复杂，老百姓对党的期望更大，年轻干部身上的责任更重。在风险和挑战面前，有少数党员干部受到错误思想的影响，不守规矩、没有底线。甚至我行我素、无视党的政治纪律和政治规矩，突破党员基本的道德底线，违犯了国家明令禁止的法律规范。尽管这些少数行为不能代表全体党员和党组织，但还是可能对党员干部整体、党和政府的政治形象造成损害，破坏人民群众对党的执政认同感，影响党的事业发展进程。具体而言，严守规矩、不逾底线就是要使年轻干部不敢腐、不想腐。严守规矩就是要筑牢思想堤坝，使年轻干部心存敬畏，把好世界观、人生观、价值观的"总开关"，做到不敢腐。不逾底线就是要为大公、守大义、求大我，做一个一心为公、一身正气、一尘不染的人，做到不想腐。只有两者兼顾，双管齐下，年轻干部才能成为内心有信仰、心中有气节、行为有风骨的栋梁之才。

一、严守规矩

规矩意识是中国共产党在长期实践中形成的优良传统，也是党克敌制胜的一大思想法宝。年轻干部的规矩意识关系到党和人民事业的成败。严守规矩，就是要有敬畏心，要拧紧思想的"总开关"。知敬畏是党的干部严守规矩的律己层面，拧紧"总开关"是党的干部严守规矩的修身层面。年轻干部不仅要严以律己，也要严以修身。不仅要有敬畏心，也要拧紧思想的"总开关"。

（一）要有敬畏心

习近平总书记指出，讲规矩、守底线，首先要有敬畏心。敬畏心，是党的干部严守规矩的思想核心。只有具有敬畏心的干部，才能真心实意地讲规矩、守底线。"敬畏"一词，出自《管子》"以圣王敬畏戚农"。敬畏心指的就是从内而发的既敬重又害怕的心理状态。古人讲内化于心、外化于行。敬畏心是规范人的行为的内在根源。所谓心有所畏、言有所戒、行有所止。人具有敬畏心，才能注重平时语言表达、约束日常行为规范。领导干部是一个社会中起带领、表率作用的特定人群。领导干部一般掌握着领导职位带来的权力。对整个社会来说，权力一旦离开敬畏心的约束，极易出现滥用的现象。领导干部有了敬畏心，也就不想腐、不敢腐。因此，领导干部的敬畏心是制约权力运行极为关键的内部因素。一般来说，领导干部的敬畏心来源于自身修养、个人信仰和组织约定。自身修养是敬畏心的内在约束，个人信仰是敬畏心的内在来源，组织约定则是敬畏心的外在规定。只有三者同时作用并相互关联，领导干部的敬畏心才能稳定持续地发挥积极作用。中国共产党人的敬畏心，是在无产阶级政党组织规定下，共产党人的修养与共产主义的理想信念相结合的心理状态。中国共产党的年轻干部要遵循党的组织要求，严格自身党性修养，坚定社会主义的共同理想与共产主义的远大理想，坚守共产党人的敬畏心。

1. 要使党的青年干部坚守共产党人的敬畏心，就要明确党的干部应该对什么对象产生敬畏心

对不同对象产生的敬畏心，直接影响党的干部能否从心底认同党的规矩、严守党的规矩。对人民群众产生敬畏心的干部，通常以为人民服务为己任。而对职务权力产生敬畏心的干部，往往唯上级

领导马首是瞻。作为精神层面的敬畏心，实际上来源于物质层面的实际利益。"意识在任何时候都只能是被意识到了的存在。"① 敬畏心归根到底是一定社会存在的反映。封建阶级和资产阶级的敬畏心集中体现在主观的宗教神学中，反映为对宗教教义的畏惧心。共产党人的敬畏心一是体现在无产阶级对人民群众是历史的创造者的客观认识中，二是体现在对共产主义事业的认同感上，三是体现在无产阶级承认人类对客观世界的认识水平有限上。因而，共产党人的敬畏心是无产阶级革命的必然产物，将共产党人的敬畏心与对宗教鬼神的畏惧心混为一谈是不正确的。尽管敬畏心是一定社会存在的反映物，但也会对现有社会发展产生能动的反作用。马克思指出，人们的"现实生活过程中还可以描绘出这一生活过程在意识形态上的反射和反响的发展"②。敬畏心反过来对现实社会发展起到或促进或阻碍的作用。还有一种情况，一些党员干部有敬畏心，但是是对宗教或者是拜物教的敬畏心，满心神佛或只认金钱。这样的人，是不可能从心底认同共产党的事业，不能时刻想着人民利益，为人民群众办事。共产党人的敬畏心是无产阶级政党对人民群众重托的珍视，能够对共产主义事业的发展起到非常关键的作用。与党和人民站在一起的干部，没有与人民群众不同的利益，时刻以实现人民的利益为己任。中国共产党是以马克思主义理论为指导的无产阶级政党。中国共产党的党员是自愿为党和人民的事业奋斗终身的共产主义者，是坚定信仰马克思主义的无产者，是建设中国特色社会主义事业的中坚力量。为了实现人民的根本利益，就要在党组织的领导下建设中国特色社会主义伟大事业。因此，中国共产党的党员干部必须要对人民、对党组织、对国家法纪有敬畏心。

---

① 《马克思恩格斯文集》第 1 卷，人民出版社 2009 年版，第 525 页。

② 《马克思恩格斯文集》第 1 卷，人民出版社 2009 年版，第 525 页。

2. 党的年轻干部要有对人民的敬畏心

对人民敬畏，一要敬畏人民群众对历史的创造力。马克思主义认为，人民群众是历史的创造者。在推翻了资产阶级和封建阶级长期英雄史观意识形态的统治后，马克思和恩格斯提出了群众史观，深刻指出了人民群众才是历史的创造者，对历史推进有着惊人的创造能力。数千年的历史证明，重大历史事件往往是由人民群众创造的。不论是长城的修建抑或是水利大坝的筑堤，都凝结着古代人民集体智慧的结晶。敬畏人民群众对历史的创造力，就是要承认并依靠人民群众的历史主体地位。中国共产党认识并尊重人民群众的创造力并饱含敬畏心。在革命年代，中国共产党深刻认识到，要赢得革命的胜利必须要重视人民群众的力量。这与害怕群众、远离群众的资产阶级和封建阶级形成了鲜明对比。在新的历史时期，要赢得中国特色社会主义伟大事业的胜利，就必须保持对人民群众的敬畏心。敬畏人民群众对历史的创造力，就是要认同人民群众在历史中的主体性。党的年轻干部要认识到，人民是国家的主人，是历史的主体，一切工作都要围绕人民进行。这就要求年轻干部在具体工作中要善于倾听群众的声音，更要虚心向群众学习。

二要敬畏人民群众对社会变革的决定性作用。历史经验表明，社会形态的变革、统治阶级的更替往往都是人民群众作用的结果。封建社会的中国，王朝更替往往伴随着农民运动的兴起。古人常说的水能载舟，亦能覆舟，就昭示了翻动历史书页的主推手是人民群众而非其他。中国共产党不仅认识到了这一点，更在实践中坚持这一点。不论是抗日战争、解放战争，还是社会主义建设、现代化建设，中国共产党始终尊重人民的意志，坚持将历史的选择权交到人民手中。新时代的中国面临前所未有的变局，年轻干部肩负更加复杂的任务和挑战，因而必须在实际工作中尊重群众的意愿，在关键选择中认清大是大非。

三要敬畏党同人民群众的血肉联系。中国共产党是以无产阶级为代表的广大人民群众的政党。为人民服务是中国共产党始终坚持的根本宗旨。中国共产党在这一宗旨的指导下经受住了重重考验：新民主主义革命的考验、成立人民共和国的考验、建设社会主义的考验等。新时代，中国共产党依然需要为人民服务的初心来面对执政考验、改革开放考验、市场经济考验和外部环境的考验。党的十九大对中国共产党为民初心进行了详细解释，即"为中国人民谋幸福，为中华民族谋复兴"。要在为人民服务的宗旨中提升党性修养，就要使党员正确认识党性与人民性的一致性。无产阶级党性就是无产阶级阶级性最集中的表现。无产阶级的阶级性就是代表广大劳动人民的利益。因此，党性中坚持人民性是中国共产党人党性修养的必然要求。在党性中坚持人民性，实质是坚持发挥人民群众的主体作用，坚持将人民群众的根本利益作为党性乃至整个党的建设的根本出发点和落脚点，在中国特色社会主义建设中坚持以人民为中心。新时代的年轻干部，要有对人民的敬畏心，就必须敬畏党同人民群众的血肉联系。习近平同志强调："我们党的干部与人民群众的根本利益相一致，只要我们密切联系人民，真正与民同苦、与民同忧，我们必定会重铸我们与群众的血肉联系，我们必定会赢得全体人民的同心同德。"[1] 党同人民群众的血肉联系不会随着时间的推移而自行紧密，甚至在新历史条件下面临着各种各样的挑战和风险。年轻干部要时刻注意加强同人民群众的血肉联系。想群众之所想，干群众之所盼，时刻接受人民群众的检阅和监督。

3. 党的青年干部要有对党组织的敬畏心

党组织是达成组织目标、开展组织工作的根本。成员对组织的

---

[1] 习近平：《摆脱贫困》，福建人民出版社1992年版，第13页。

敬畏心，是确保组织平稳运行的前提。中国共产党想要顺利开展各项工作，最终达到共产主义的伟大目标，没有坚实的组织保证是不可能完成的。中国共产党人对党组织的敬畏心，是落实社会主义各项具体任务的重要精神力量。这是因为，中国共产党是中国特色社会主义事业的领导力量，是人民群众利益的坚定维护者。只有党员干部敬畏党、敬畏党的事业，才能确保党和人民的事业的顺利推进。也就是说，中国特色社会主义事业的发展，必须建立在党的年轻干部对党组织的敬畏心上。首先，要在不断认识党组织的过程中提高对党组织的敬畏心。不少党员干部不甚明了什么是对党组织的敬畏心，甚至将一味服从上级视为对党组织的敬畏心。一些人不清楚敬畏党组织的来龙去脉，因而在回答敬畏党组织和敬畏人民的一致性上犯了迷糊。敬畏党，对党组织有敬畏心，就是要了解党组织的性质、宗旨、目标，了解党组织的历史和现在。明晰党组织运行的机理，明确党组织是人民事业成败的关键。作为党组织的成员，党员干部对党组织的敬畏心应来源于对党伟大之处的深刻认识，从而才能对党忠诚，自觉维护党的权威。其次，要在不断保持自身先进性中彰显对党组织的敬畏心。中国共产党能够不断取得成功的秘诀在于保持自身的先进性。马克思指出，"在实践方面，共产党人是各国工人政党中最坚决的、始终起推动作用的部分；在理论方面，他们胜过其余无产阶级群众的地方在于他们了解无产阶级运动的条件、进程和一般结果"①。共产党人的先进性是他们胜过一般人民群众的地方。要使党具有领导人民群众的能力和资格，必须实现党的先进性。中国共产党一贯注重保持自身先进性，始终是中国工人阶级和中国人民的先锋队。年轻干部对党组织的敬畏心，就体

① 《马克思恩格斯文集》第2卷，人民出版社2009年版，第44页。

现在不断保持自身先进性的过程中。年轻干部的先进性建设，必须紧抓"关键少数"。习近平总书记在全党"不忘初心、牢记使命"主题教育总结大会上指出，领导干部是党和国家事业发展的"关键少数"。党的领导干部的先进性是党组织保持先进性的先决条件。习近平同志强调，"领导干部要提高执政能力，全体党员也都要为巩固党的执政地位而努力提高实践本领。否则，先进性就是一句空话"①。把先进性作为党员干部修身的常态化工作，就要以少数带多数，提高共产党人的整体修养水平。政党作为一个政治组织，是一个整体。党员作为个人，是党的一部分。整体由部分组成，政党先进性由党员的先进性组成。由于个体差异，党员的先进性往往难以一致。要使政党的先进性在整体上得到提高，就需要鼓励一部分党员努力提高自身的先进性。特别是"关键少数"要起到示范作用，率先在理论、政治、纪律、作风等方面实现自我提升和自我完善。同时，年轻干部中的先进分子要坚持率先垂范、以上率下，为全党全社会作出示范。"关键少数"发挥榜样力量带动全体党员，形成以点带面的良性模式提高党员干部的整体能力。

4. 党的青年干部要有对国家法纪的敬畏心

习近平总书记在党的十九大报告中指出，要"推动全面从严治党向纵深发展"，强调"加快形成覆盖党的领导和党的建设各方面的党内法规制度体系，加强和改善对国家政权机关的领导"。党纪法规的修养是新时代促进党内法规制度落实的内在动力，是推动全面从严治党向纵深推进的根本要求。在新中国进入全面深化改革时期，步入全面从严治党新常态的时间节点，加强法纪修养便成为新时代赋予中国共产党人新的历史使命，不仅关系到党的建设，更

---

① 习近平：《干在实处　走在前列——推进浙江新发展的思考与实践》，中共中央党校出版社 2006 年版，第 464 页。

加与党员干部的健康成长密切相关，更关系到"四个全面"战略布局和党的各项事业的兴衰成败。

第一，充分认识遵纪守法意识的重要性，时刻坚守法纪底线。提高领导干部对法纪意识重要性的认识，必须加强教育，让广大党员领导干部明了法纪，敬畏法纪，遵循法纪，让遵纪守法成为大家的自觉行动与行为习惯。一方面，党员领导干部要加强对习近平新时代中国特色社会主义思想的学习，增强"四个意识"，坚定"四个自信"，做到"两个维护"，在思想上政治上行动上与以习近平同志为核心的党中央保持高度一致，提高政治意识、政治立场、政治站位和政治能力。另一方面，加强党员领导干部对党章党规党纪和监察法等法律法规的学习，只有党员领导干部真正掌握党章党规和相关法律法规知识，才能打牢依规依法办事的基础，提高依法行政能力和水平，形成依法依规行事的自觉。此外，在学好党纪国法的同时，我们要结合好党纪国法的要求，制定好本部门、本单位的纪律和制度，明确工作职责和权力运行范围，切实将遵纪守法落到实处。

第二，始终坚持党要管党、全面从严治党，活用监督执纪的"四种形态"。我们党通过修改《中国共产党廉洁自律准则》《中国共产党纪律处分条例》，创新性地实现纪法分开，明确纪严于法，挺纪在前。向全党明确地宣示：把纪律和规矩挺在前面，用纪律管全党治全党，用纪律管住绝大多数党员和干部，才是全面从严治党的治本之策。通过监督执纪"四种形态"，用严明的纪律和监督管全党治全党，管住大多数，严惩极少数，从而推进全面从严治党、依规治党向纵深发展。"四种形态"是新时代我们面对世情、国情、党情的现实需要作出的管党治党新思路、新办法和战略性制度安排，实践证明是行之有效的，我们必须长期坚持，不断完善，克服对"四种形态"认识不深刻、不到位、不会正确使用各种形态及相互准确转换等问题，使之在全面从严治党中发挥更大作用。

第三，抓好纪律和法律的执行，让纪法在全面从严治党中的作用充分发挥。一方面，要坚持纪法面前人人平等，党内绝不允许不受党纪国法约束的特殊的党员存在，任何违反党纪国法的行为必须受到追究。特别是要加强对党员领导干部，特别是对主要领导的教育管理和监督，充分发扬党内民主，让党员和群众真正能够监督主要领导，发挥作用，增强实效。另一方面，一定要让各级领导干部认识到，党的作风建设和纪律建设永远在路上。任何想歇一歇、停一停的想法都必须摒弃。要深刻认识到，反腐败斗争是一场输不起的斗争，如果输了，我们党的先进性和纯洁性就没有了，就忘了初心和使命，就辜负了中国人民一直以来对我们的信任、支持和拥护。全体共产党员和各级领导干部对此必须有清醒的认识、坚定的认同、高度的自觉，才能无愧于党，无愧于人民，无愧于国家。

（二）拧紧"总开关"

讲规矩、守底线。守好共产党人的底线，才能讲好共产党的规矩。知敬畏是党的干部严守规矩的律己层面，拧紧"总开关"是党的干部严守规矩的修身层面。严以修身，才能严以律己。从认识的根源把握好思想观念的"总开关"，才能守好共产党人的精神底线，从而自觉遵守党的规矩。所谓"总开关"，指的是思想观念中最根本、最基础的部分，是对事物的总看法和总观点。具体来说，党的年轻干部的思想"总开关"，指的是年轻干部在世界观、人生观和价值观上的认知程度。

只有把握好世界观、人生观和价值观的"总开关"，年轻干部的思想觉悟和精神境界才能逐步提升，从而严守党的规矩和底线，不敢腐也不想腐。习近平总书记深刻指出："每一名党员干部都要坚守'三严三实'，拧紧世界观、人生观、价值观这个'总开关'，做到心中有党、心中有民、心中有责、心中有戒，把为党和人民事业无私奉献作为人生的最高追求。"① 年轻干部是党员干部中的新生力量，是党和国家事业的接班人。思想修养是年轻干部成长成才的重要因素，关系到党和人民的事业，关乎国家、民族的命运。在正确的世界观、人生观、价值观引领下，年轻干部才能客观地认识世界、认识利益、认识自身，从而形成正确人生信仰，并为之不懈努力。反之，年轻干部的世界观、人生观、价值观如若出现问题，就会造成少知而迷、无知而乱的行为后果，甚至对党和人民事业产生负面影响。因而，年轻干部的思想"总开关"对个人、对党组织乃至人民事业来说都极为重要。党的十八大以来，党面临着更为复杂的局势和严峻的挑战。习近平总书记强调，当前，世界百年未有之大变局加速演进，中华民族伟大复兴进入关键时期，我们面临的风险挑战明显增多。党的年轻干部在这个关键时期，面对的"四大危险"和"四大考验"，从根源上来说是思想"总开关"世界观、人生观、价值观在面临挑战。但是，风险从来都与机遇并存。风险和考验对年轻干部来说，也是促进其成长成才的关键。年轻干部只有自觉拧紧思想的"总开关"，才能披荆斩棘、一往无前，才能成为党和人民事业的可靠担当者。拧紧年轻干部世界观、人生观、价值观"总开关"正当时、正逢时。

1. 年轻干部要拧紧世界观的"总开关"

世界观是指人们对世界的总看法和总观点，是人们认识世界、理解世界的思想基础。中国共产党是一个马克思主义政党，由共产

---

① 习近平：《在庆祝中国共产党成立 95 周年大会上的讲话》，人民出版社 2016 年版，第 24—25 页。

党的本质所决定，中国共产党的年轻干部的世界观是马克思主义的世界观。首先，年轻干部要坚持唯物史观的理论方向。马克思主义认为，物质决定意识，社会存在决定社会意识。颠倒的物质——意识观是形而上的认识基础。以此观点来认识世界，必然导致的是有神论和泛神论。甚至将世界归结于虚无，最终陷入历史虚无主义的窠臼。中国共产党的年轻干部必须正确认识物质与意识、社会存在与社会意识的关系，明确庞大的上层建筑必然建立在一定的经济基础之上，从而在错误的世界观面前筑起坚强的思想防线。其次，年轻干部要坚持实事求是的思想路线。马克思主义认为，实践是认识的来源、目的和检验标准。从理论目标到实际成果，党的事业是由无数次锲而不舍的实践组成。因此，坚持在实践中寻找规律，并用之指导实践，是中国共产党的年轻干部必须拥有的观点和必须掌握的能力。具体来说，实事求是"是党性的表现，就是理论和实际统一的马克思列宁主义的作风"①，就是将马克思主义理论与革命实践相统一。毛泽东在《改造我们的学习》中深刻指出："实事"就是客观存在着的一切事物，"是"就是客观事物的内部联系，即规律性，"求"就是我们去研究。为了贯彻实事求是的思想方法，党中央决定在全党范围内进行一次大规模整风运动。从 1941 年 5 月开始，到 1945 年 4 月 20 日六届七中全会通过《关于若干历史问题的决议》为止，中国共产党开展了为期四年的延安整风运动。在这次整风运动中，全党以实事求是的思想方法肃清了"左"倾教条主义思想在党内的错误影响，党员的思想修养得到大幅提升。延安整风和党的七大后，实事求是的思想路线在全党得到了确立。党的十一届三中全会召开前夕，邓小平指出"两个凡是"思想不

---

① 《毛泽东选集》第三卷，人民出版社 1991 年版，第 801 页。

符合马克思主义理论与实践相统一的基本原则。在真理标准问题大讨论后，党重新确立了实事求是的思想路线。邓小平将党员是否老实、是否实事求是作为忠于党、忠于人民的基本标准。"做老实人，说老实话，办老实事，这是一个共产党员的起码标准。"① 年轻干部必须坚持实事求是，在工作中说老实话、办老实事，做人民群众的老实人。

2. 年轻干部要拧紧人生观的"总开关"

人生观是指人们对人生目的、人生态度、人生方向等问题的总看法和总观点，决定了人们的生活态度、生活方式和理想信念。中国共产党是一个马克思主义政党，由共产党的本质所决定，中国共产党的年轻干部的人生观是马克思主义的人生观。第一，年轻干部要坚持社会主义的共同理想和共产主义的远大理想。年轻干部是党的事业的新生力量，年轻干部的理想信念是否牢固关系到党的事业的成败。以马克思主义理论为指导的人生观，就是要坚守共产主义的理想信念。马克思主义指出，共产主义必然要取代资本主义，这是人类社会发展的基本规律。共产主义的理想信念就是坚信在无产阶级政党的领导下，人民群众最终会实现自身解放，进入到自由而全面发展的共产主义社会。共产主义信念是无产阶级的最高理想，也是无产阶级政党的最高纲领。中国共产党始终将共产主义理想信念作为自己的最高纲领，要求全党党员为之奋斗终生。"在我们最困难的时期，共产主义的理想是我们的精神支柱。"② 在取得成绩的时候，共产主义信念是党保持本心、继续前进的精神动力。党的十九大要求党员把坚定共产主义远大理想和中国特色社会主义共同理想作为党的思想建设的首要任务，挺起共产党人的精神脊梁。第

---

① 《邓小平年谱（1975—1997）》上，中央文献出版社 2004 年版，第 182 页。
② 《邓小平文选》第三卷，人民出版社 1993 年版，第 137 页。

二，年轻干部要将人生理想融入共同理想和远大理想之中。近代以来，人的个体价值得到了充分彰显。个人的人生理想在社会理想中的重要作用愈加凸显。年轻干部要投入到社会主义和共产主义的建设中，必须要树立远大的人生理想。马克思曾在他的高中毕业论文中说道，青年应该选择有利于人类获得幸福和自身变得完美的职业，并且两个指针并不相冲突。一方面，年轻干部与普通群众一样，有个人理想，也有正当的自身利益，我们党从来不否认个人利益、个人追求和个人抱负，但是年轻干部对个人理想必须要有正确的定位和把握。这就是说，年轻干部在树立个人理想时不能与中国特色社会主义共同理想和共产主义远大理想相冲突。另一方面，共产党员的个人理想必须服从于共同理想和远大理想。党员的个人的理想、目标必须符合党的共同理想，个人理想要融入党的整个事业中，融入人民的利益中。不论世情如何变化，始终在社会主义共同理想和共产主义远大理想中实现自身的人生理想。这就是中国共产党员应该具备的人生观。

3. 年轻干部要拧紧价值观的"总开关"

价值观是指人们对周围的客观事物做出的认知、理解和判断，是对客观事物的意义、重要性的总评价和总看法。人的价值观是决定其行为的心理基础。在阶级社会中，不同阶级有不同的价值观念。这里讲的价值观，指的是一个组织的价值追求。中国共产党人的首要价值观是马克思主义的价值观。首先，年轻干部要正确认识马克思主义的价值观。不同的价值观内核会引发不同的观念评价，进而导致不同的行为轨迹。资产阶级的价值观内核决定了自由主义、金钱至上的思想观念和行为取向。马克思主义的价值观是中国共产党年轻干部价值观的思想内核。马克思主义的价值观要求党的干部一切以人民的利益出发，将人民利益视为评价事物好坏的标准。中国共产党一贯要求年轻干部要正确认识人民群众至上的执政理念。中国共产党始终以马克思主义理论为思想指南，时刻谨记思想路线的重要性。在1929年底通过的《古田会议决议》中可以清楚地发现，毛泽东细致地罗列了各种非无产阶级思想的种种表现，并针对各种错误开出了良方。在中共六届六中全会上，毛泽东也指出："普遍地深入地研究马克思列宁主义的理论的任务，对于我们，是一个亟待解决并须着重地致力才能解决的大问题。"① 新中国成立后，党更加注重加强思想理论建设，尤其重视对党员的马克思列宁主义思想教育。刘少奇在中共八大上就曾指出，"中国共产党的领导的力量，在于它有马克思列宁主义的思想武器"②。在新的历史时期中，党对马克思主义思想路线的认识提到了一个新的高度，创造性地指明了与中国具体实践相结合的中国化的马克思主义——中国特色社会主义。从内容上来说，广义上马克思主义理论不仅包括了马克思、恩格斯的思想，还涵括了马克思主义继承者们的思想理论。马克思列宁主义是工人阶级进行实践的世界观，是广大劳动人民寻求解放的理论指南；毛泽东思想是中国共产党将马克思主义方法论正确运用到中国革命实践中的经验升华；邓小平理论是中国共产党立足社会主义初级阶段将马克思主义运用于中国，回答当代中国如何实现现代化的理论成果；"三个代表"重要思想是在建设中国特色社会主义实践中形成的创新成果，是中国共产党立足发展阶段对中国如何实现现代化的实际回答；科学发展观是马克思主义关于发展的世界观和方法论的集中体现，是中国共产党立足中国社会发展对如何共享发展成果的实际回答；习近平新时代中国特色社会主义思想是马克思主义中国化的最新理论成果，表明了党

① 《毛泽东选集》第二卷，人民出版社1991年版，第533页。
② 《刘少奇选集》下卷，人民出版社1985年版，第264页。

在理论上的认识达到了一个新的高度。其次，年轻干部要在正确价值观的引领下进行评价。价值观的主要功能是对事物的评价功能。在正确的价值观引领下，人们能够客观公正地评价事物，从而做出正确的判断。反之，在错误的价值观的指导下，人们极易歪曲事物的真实面貌，从而偏离评价事物的正确轨道。具体来说，在自由主义和金钱至上的价值观影响下，人们极易形成唯我独尊、一切向钱看的价值评判标准。比如，西方一些国家崇尚自由主义、霸权主义价值观，给民众宣扬一种零和思想，将侵略他国利益视为理所当然，甚至多次发动不正义、不道德的战争。这种价值观不仅会恶化社会风气，还会影响世界局势的稳定。马克思主义政党是支持人民解放的政党，崇尚"每个人的自由发展是一切人的自由发展"联合体的价值观。因此，在马克思主义价值观的指引下，中国共产党的年轻干部要秉持马克思主义的价值观，以一切为人民服务为价值标准，促进人民事业繁荣与世界和平发展。再次，年轻干部要以马克思主义的价值观指导客观实践。马克思主义的科学态度就是要运用马克思主义的基本立场、观点和方法来认识、解决实际问题，这是中国共产党在实践中的基本价值导向。在马克思主义发展史上，对于如何认识马克思主义，有两种泾渭分明的态度：一种是主观主义的态度，即不注重研究现状、历史和马列主义应用；另一种是马克思主义的科学态度，即理论与实际结合的实事求是的态度。前者只局限于马克思主义的只言片语和表面含义，对现实环境不进行综合的、详细的调查研究，仅凭主观热情去工作，结果只能是割断历史和现实。而后者却注重对客观实际的了解和研究，充分运用马克思主义的立场、观点和方法来对现实环境进行研究和分析，并有针对性地解决现实问题。中国共产党人将这种马克思主义的科学态度总结提炼为实事求是、与时俱进。

二、不逾底线

中国共产党的底线就是为人民群众服务，与人民群众保持密切联系。底线意识是中国共产党的执政之基、立党之本。这也是马克思主义理论的必然要求，是继承中华传统文化的优良传统。年轻干部不逾底线，就是要为大公、守大义、求大我，做一个一心为公、一身正气、一尘不染的人。

（一）为大公、守大义、求大我

马克思在《共产党宣言》中明确指出，共产党人"没有任何同整个无产阶级的利益不同的利益"[①]。这明确规定了，共产党人的底线就是要与无产阶级保持利益一致，为广大人民群众谋取利益。总的来看，党与无产阶级利益一致性有三个特点，即大公、大义和大我。大公，指的是众人的公道。大义，指的是人民的正义。大我，指的是集体的利益。中国共产党的年轻干部要坚守初心、不逾底线，就必须为大公、守大义、求大我。

1. 为大公、守大义、求大我是坚持马克思主义理论的必然要求

在马克思主义理论中，为人民群众谋利益是题中应有之义。一方面，无产阶级政党的阶级本质决定了中国共产党的执政道德建设是为绝大多数人民群众的利益服务。马克思和恩格斯指出："无产阶级的运动是绝大多数人的，为绝大多数人谋利益的独立的运

---

① 《马克思恩格斯文集》第 2 卷，人民出版社 2009 年版，第 44 页。

动。"① 中国共产党以广大无产阶级人民群众的利益为核心，执政道德必然带有人民性的阶级性质。代表绝大多数人的运动，为绝大多数人民群众服务，就是无产阶级政党人民性的真实写照。另一方面，中国共产党以马克思主义理论为指导思想，马克思主义为人民服务思想决定了中国共产党执政道德建设的人民性特质。马克思在17 岁中学毕业论文中就表现出对人民群众的关怀，要求选择最能为人类谋福利的职业。马克思认为："所以这些哲人和奥林帕斯山上的诸神的塑像一样极少人民性；他们的运动就是自我满足的平静，他们对待人民的态度如同他们对待实体一样地客观。"②

2. 为大公、守大义、求大我是继承中华传统文化的优良传统

在中国传统文化中，以民为本是为大公、守大义、求大我的思想根源。以民为本是中华传统政德观的基本立场。"民本"一词最早出自《尚书·五子之歌》中"民惟邦本，本固邦宁"③。强调了人民是国家的根本，国家有坚实的群众基础才能安定。民本思想指出人民是一股能够影响国家的强大力量，并强调了老百姓对于国家统治的重要作用。在此基础上，管子进一步指出，统治者要管理好国家，必须重视人民。"欲为天下者，必重其国；欲为其国者，必重其民；欲为其民者，必重尽其民力。"④ 管子的民本思想，侧重于运用人民力量治理国家，为后来儒家以民为本思想提供重要的理论基础。孟子提出"民为贵，社稷次之，君为轻"⑤。以孟子为代

---

① 《马克思恩格斯选集》第 1 卷，人民出版社 2012 年版，第 411 页。
② 《马克思恩格斯全集》第 40 卷，人民出版社 1982 年版，第 65—66 页。
③ 《尚书》，中华书局 2012 年版，第 143 页。
④ 《管子》，上海古籍出版社 2015 年版，第 11 页。
⑤ 《孟子》，河南科技出版社 2013 年版，第 231 页。

表的儒家民本思想，倡导统治者重视人民的重要作用，并在统治过程中施行仁政。孔孟之后，荀子进一步完善了民本思想，以民为本思想逐渐成为历代君王执政之道的重要内容。

3. 为大公、守大义、求大我是应对新时代国内外形势的思想法宝

世界局势风云变幻，国内社会矛盾依然凸显。习近平总书记指出，全面从严治党永远在路上。从外部条件来说，新时代党的建设面临更加复杂的执政环境，市场化带来的利益多元和信息化带来的思想多元为中国共产党执政环境增加复杂因素。国际上误解和抹黑的负面舆论，使中国共产党更加严格地加强党的建设，坚定地发出自己的声音。从内部条件来说，党内存在的思想不纯、组织不纯、作风不纯等问题对党的先进性和纯洁性提出了更严格的挑战。党和党的干部应对"四大危险"和"四大考验"，坚定理想信仰，发扬作风保持定力，是新时代对中国共产党不断向前发展提出的要求。新时代，中国共产党面临党的建设新挑战。只有为大公、守大义、求大我，才能紧紧依靠群众，应对国内外形势带来的挑战。

4. 年轻干部要为大公，要坚定共产党人的理想信念

中国共产党是以马克思主义理论为科学指南的无产阶级政党，信仰的是社会主义和共产主义理想。马克思主义认为，共产党没有与无产阶级不同的利益，共产党就是要帮助广大无产阶级群众获得解放，从而进入到共产主义的未来社会。在这个未来社会中，每个人都能够自由全面发展。共产党走的这条道路是天下至公的道路。这与资产阶级政党走的少数人统治的道路截然不同。"大道之行，天下为公。"中国共产党人的理想信念就是实现为民为公的共产主义道路。共产主义必然要取代资本主义，这是人类社会发展的基本规律。共产主义的理想信念就是坚信在无产阶级政党的领导下，人

民群众最终会实现自身解放，进入到自由而全面发展的共产主义社会。共产主义信念是无产阶级的最高理想，也是无产阶级政党的最高纲领。中国共产党始终将共产主义理想信念作为自己的最高纲领，要求全党党员为之奋斗终生。"在我们最困难的时期，共产主义的理想是我们的精神支柱。"① 在取得成绩的时候，共产主义信念是党保持本心、继续前进的精神动力。党中央要求党员把坚定共产主义远大理想和中国特色社会主义共同理想作为党的思想建设的首要任务，挺起共产党人的精神脊梁。筑牢新时代党员干部的理想信念，就是要捍卫党的领导地位，听从党中央的指示，维护党中央的权威，在贯彻党的基本路线和方针政策中践行理想信念。在中国特色社会主义建设过程中发挥带头作用和模范作用，发扬理论联系实际、紧密联系人民群众、批评与自我批评的优良作风。在工作中讲真话、实话、心里话，不弄虚作假、口是心非；在生活中胸襟坦荡、光明磊落、艰苦奋斗、清正廉洁。"不以一毫私意自蔽，不以一毫私欲自累。"主动肩负起帮助人民群众走向幸福美好生活的责任，划清合情合理的欲望和情理不容的贪欲之间的界限，算好利益账、法纪账和良心账，在人民群众的利益和自身欲望中作出正确选择。

5. 年轻干部要守大义，要坚持为人民群众谋幸福

中国共产党的本质规定了为人民群众谋福利的根本宗旨。从诞生伊始，中国共产党就与人民站在一起，为实现人民群众的幸福而奋斗。在新民主主义革命时期，中国共产党就把为人民群众谋幸福融入思想路线之中。1943 年 6 月，毛泽东在《关于领导方法的若干问题》一文中强调了群众路线的重要性并进行解释："在我党的

---

① 《邓小平文选》第三卷，人民出版社 1993 年版，第 137 页。

一切实际工作中，凡属正确的领导，必须是从群众中来，到群众中去。"①　1945 年，刘少奇在党的七大上作了《论党》报告。报告进一步发展了党的群众路线，并将党的群众观点概述为"一切为了人民群众的观点，一切向人民群众负责的观点，相信群众自己解放自己的观点，向人民群众学习的观点"②。新中国成立后，中国共产党为人民群众谋幸福体现在各项政策制度中。毛泽东在《关于正确处理人民内部矛盾的问题》中指出，"国家机关实行民主集中制，国家机关必须依靠人民群众，国家机关工作人民必须为人民服务"③。不论是社会主义政治制度还是经济制度，抑或是文化政策，都体现了为人民谋幸福的基本原则。中国共产党在这一原则的指导下经受住了重重考验：新民主主义革命的考验、成立人民共和国的考验、建设社会主义的考验。新时代中国共产党依然需要为人民谋幸福的初心来面对"四大考验"和"四大危险"。党的十九大对中国共产党为民初心进行了详细解释，即"为中国人民谋幸福，为中华民族谋复兴"。2019 年 5 月 13 日，中共中央政治局召开会议，决定从 2019 年 6 月开始，在全党自上而下分两批开展"不忘初心、牢记使命"主题教育。从"不惜一切代价"救治新冠肺炎患者，到"一个也不能少"到如期打赢脱贫攻坚战，真正体现了中国共产党为人民谋幸福的初心和决心。党的年轻干部正值青壮年，是党和人民事业的中坚力量。年轻干部要自觉将人民的幸福放在心上，落实到工作中。这就要求年轻干部不仅要时刻牢记全心全意为人民服务的根本宗旨，更要提高自身思想水平和业务能力，想方设法为人民群众谋福利。

---

① 《毛泽东选集》第三卷，人民出版社 1991 年版，第 899 页。

② 《刘少奇选集》上卷，人民出版社 1981 年版，第 354 页。

③ 《毛泽东文集》第七卷，人民出版社 1999 年版，第 207 页。

6. 年轻干部要求大我，要坚守自身岗位无私奉献

共产党人的大我，是要将个体的"小我"融入集体的"大我"中。无私奉献是共产党人的重要道德品质。无私是对党无私、对人民无私。奉献是共产党人向党、向人民、向共产主义事业奉献自己的知识、才干、精神和能力。毛泽东强调："共产党员无论何时何地都不应以个人利益放在第一位，而应以个人利益服从于民族的和人民群众的利益。"① 中国共产党是代表人民群众利益的无产阶级政党，实现人民群众利益是共产党员的基本要求。党员个人利益应时刻与人民利益、民族利益保持一致，将人民群众的利益放在第一位。在历史上，共产党员的无私奉献精神是党的革命、建设事业顺利开展的重要道德因素。在艰苦奋斗的革命年代，正是长征精神、西柏坡精神、井冈山精神等精神的道德引领，使党保持优良传统和作风，从而赢得了人民群众的支持，获得革命和建设的胜利。坚守岗位无私奉献，就要求年轻干部从两方面着手。一方面，年轻干部要提高思想觉悟和工作能力。不仅要有无私奉献的精神境界，更要有在岗为民的能力本领。年轻干部要不断学习理论、提升思想，涵养宽广的胸怀和无私的品格。用马克思主义理论武装头脑，学习革命先烈无私奉献的精神。怀着为人民幸福而奋斗的决心投入自身岗位中，把眼前的职业当成终生的事业。在实际工作中，坚持问题导向，找准人民关心的问题和方向。把握好与人民群众的密切联系，谨记群众利益无小事。凡事多为群众考虑，为群众考虑实事。不争抢个人之功，不贪图一时之功。同时，坚守岗位无私奉献还要求年轻干部有较高的工作能力。只有为民之心，而无为民之能是行不通的。空有一腔热情而没有真抓实干的能力和素质，对党和人民的事

---

① 《毛泽东选集》第二卷，人民出版社1991年版，第522页。

业来说也是弊大于利。年轻干部要着力提升自己的工作能力和业务水平。做到想为群众办实事，能为群众干好事。瞄准问题，精准发力，攻坚克难，在实际问题面前提升能力，在艰苦环境中磨炼毅力。另一方面，要加强纪律建设和法规建设，从外部约束年轻干部立足岗位奉献。坚持以党章为根本依据完善干部纪律和法规建设。党章是党的总规矩，是党内法规中的"根本法"。坚持以党章为根本依据，意味着党章规定党内法规制度体系基本框架，党章在所有党内法规制度中处于最高地位。所有党内法规制度的制定不能与党章相冲突。党内法规可以根据十九大党章的规定框架，以党章为参照系搭建党内法规制度体系。以党的组织、党员、党的干部为主体为核心，规定主体工作规范。对党的主体行为过程进行约束。以党章为主导，用双管齐下、动静结合的方式为党内法规制度体系建构提供了较强的稳定性和系统性，同时也为党内法规的创新提供坚实的制度保障。

（二）一心为公、一身正气、一尘不染

在向第二个百年奋斗目标迈进的过程中，年轻干部能否严守规矩、不逾底线，对新时代党和人民的事业来说尤为关键。年轻干部要做一心为公、一身正气、一尘不染的人，始终把党和人民放在心中最高位置。

1. 年轻干部要一身正气，就要明大德

年轻干部的巍然正气来源于对社会主义事业的信念感。只有对社会主义和共产主义有高度认同和深刻认识，才能明白共产党人的理想信念是一种至高的政治道德，才能行得正、坐得端，无愧于天，不委于己。因此，年轻干部要树立共产主义的崇高理想和社会主义的共同理想，坚定对马克思主义的理想信念。在中华传统文化

中，理想信念表现为忠君爱国的情感操守。对国家的热爱和忠诚展现了传统政德在国家层面的信念。中国共产党继承了中华优秀传统文化中重视大德的思想，将理想信念视为共产党前进发展的动力。习近平总书记指出，理想信念就是共产党人精神上的"钙"，没有理想信念，理想信念不坚定，精神上就会"缺钙"，就会得"软骨病"。树立正确理想信念，是中国共产党执政道德的必然要求，也是共产党员面对各种危机和考验的主要动力。中国共产党始终将共产主义理想信念作为自己的最高纲领，要求全党党员为之奋斗终生。"在我们最困难的时期，共产主义的理想是我们的精神支柱。"① 在取得成绩的时候，共产主义信念是党保持本心、继续前进的精神动力。党的十九大要求党员把坚定共产主义远大理想和中国特色社会主义共同理想作为党的思想建设的首要任务，挺起共产党人的精神脊梁。树立共产主义和社会主义的崇高理想，一方面要从理论学懂、弄通社会主义和共产主义的知识。学懂、弄通社会主义和共产主义的理论，就是要掌握共产主义运动的一般规律和基本原则。在共产主义社会中，社会生产力高度发展，物质财富和精神财富都得到极大丰富，生产资料按需分配，人实现从必然王国到自由王国的飞跃。另一方面要在实践上真知、真行，为中国特色社会主义的建设而奋斗。树立共产主义和社会主义的崇高理想，不仅要学习共产主义和社会主义的理论，更要使在具体生活中践行和实现理想。革命时期，中国共产党的仁人志士怀揣着崇高的理想，在革命实践中大义凛然、视死如归，将一腔革命热情挥洒在中国热土之上。新中国成立后，无数工人、农民、科学家等各条战线上的人们为了共产主义的理想，积极投身在社会主义的建设中，用所学所用

---

① 《邓小平文选》第三卷，人民出版社1993年版，第137页。

所会共筑中华人民的美好家园。

2. 年轻干部要一心为公，就要守公德

要强调以人民为中心的发展思想，强化全心全意为人民服务的意识。公德是关于社会公众秩序的道德范畴。守公德，就是要求年轻干部在工作过程中正确认识公与私的关系，处理好自身与人民利益的关系。传统政德要求执政者胸怀天下、执政为公，重视和实现人民的诉求和愿望。不论是孔子的"大道之行，天下为公"，还是孟子的"乐以天下，忧以天下"，都体现了公权力面前不逾底线的重要性。这也意味着，是否将人民利益放在自身利益之前，是传统民本思想的根本指针。在新时代，中国共产党继承了中华传统优秀文化中的民本思想，着力在执政过程中践行为人民服务的根本宗旨。一方面，守公德是无产阶级政党的必然要求。马克思主义认为，无产阶级政党"没有任何同整个无产阶级的利益不同的利益"①。中国共产党是无产阶级政党，本身没有与人民不同的利益。公德，从本质上来说，是用公共道德力量限制个人私欲的过程。党员干部掌握国家权力，国家权力来源于人民群众。守公德对于年轻干部来说，就意味着用思想和道德力量限制个人使用公权力的过程。对于封建阶级和资产阶级的统治者来说，个人利益与人民大众的利益是不一致的。崇尚一心为公意在通过外界约束限制统治者对公权力的滥用，从而保障人民群众的利益。无产阶级政党代表广大人民群众的利益，因而使用公权力的目的就在于为人民群众谋利益。当公与私保持一致利益时，守公德就成为中国共产党宗旨的应有之义。但是，在具体实践中，年轻干部面临着诸多挑战，守公德成为中国共产党执政实践中亟待加强的精神要求。另一方面，守公

---

① 《马克思恩格斯选集》第 4 卷，人民出版社 2012 年版，第 1 页。

德是全心全意为人民服务宗旨的根本体现。人民是历史的创造者，是社会变革中的决定力量。无产阶级政党的根本任务就是依靠劳动群众实现社会主义和共产主义。在百年历史中，中国共产党员的理论和实践始终围绕人民群众展开，并在群众路线和群众观点中得到升华。在革命时期，中国共产党提出全心全意为人民服务的根本宗旨和群众路线以实现中华人民民族独立的迫切需求。新中国成立后，中国共产党践行为人民服务的根本宗旨和群众路线，使人民群众强起来、富起来的根本利益得到满足。在新时代，要使年轻干部一心为公，就要使党员干部自觉学习、遵循、践行群众路线和群众观点。将人民群众的生命安全、工作教育、医疗养老等方面视为当前工作的头等大事。把为群众办实事当作衡量工作成绩的标准。年轻干部要谨记为人民谋幸福的初心，就是要对人民群众投入真感情，认真仔细地做好群众工作，将人民群众的利益诉求摆在第一位。

3. 年轻干部要一尘不染，就要严私德

年轻干部严私德就是要用正确的道德观念和价值规范引领、约束自己的思想和行为，处理好执政过程中的各种关系和各种利益。具体来说，年轻干部的个人道德涉及勤政、务实、公正、勤俭、廉洁、自律等方面。在中国传统文化中，统治者的道德素养十分重要。领导干部的私德能够在很大程度上影响执政公正性和社会风气。例如，《论语》中强调执政者"其身正，不令而行；其身不正，虽令不从"。执政者能否拥有良好的个人品德直接关系到政令是否通畅、社会是否公正。具有良好道德修养的年轻干部，更易获得人民的支持，从而能够顺利地执行政策。不注重道德修养的干部，人民会质疑其德行，从而降低政策的公信力。要严格私德的培育，首先要明确执政主体。执政党的道德素养与执政个体的道德素

养共同组成执政主体私德的内容。中国共产党在严私德过程中，从执政党与领导干部两方面采取措施。一方面，紧抓共产党人的价值观建设。共产党人价值观关系到是否能够坚定不移、勤修不辍、真心实意地使用国家权力为人民服务。共产党人价值观不仅要求党的执政行为是道德的，也要求执掌权力的领导干部具有高尚的道德修养。具体来说，共产党人价值观表现为政策公正、执政行为合法和党风端正。政策的公正性体现在公平和正义两个方面。一般来说，公平正义的政策是站在人民的立场上，更多地考虑人民群众的利益。执政行为合法性则来源于人民和执政过程合乎规范。党风端正则体现了执政党的精神风貌是否清明、正气。中国共产党在政策公正、执政行为合法和党风端正方面均显示出优于其他政党的道德水平。一国的政策往往由执政党主导。因而政策的发布具有阶级属性。资产阶级政党的政策维护的是资产阶级的利益。无产阶级政党的政策维护的是广大劳动者的利益。因此，中国共产党的政策在公正性上优于资产阶级政党。同时，中国共产党强调国家治理体系现代化。执政行为的合法和科学是政党道德的过程体现。中国共产党的执政合法性来源于人民群众，加之不断改革的执政方式，执政过程的道德充分体现。国家治理体系现代化意味着执政行为和过程不断更新、完善。另一方面，重视年轻干部的道德修养，保持年轻干部的先进性和纯洁性。要使党具有领导人民群众的能力和资格，必须要加强党员干部的道德水平，使党员干部在道德方面具有先进性。共产党人的先进性是他们胜过一般人民群众的地方。以先进性和纯洁性为标准来衡量年轻干部的道德修养，要求党员干部保持理论和实践上的优势。年轻干部的先进性和纯洁性，是党员干部在理论上和实践上胜过普通党员和人民群众的地方，是党员干部能够使用权力为人民群众谋幸福的原因。反过来说，要成为能够为人民群众谋幸福的人民公仆，必须具备先进性和纯洁性。习近平总书记指出，"先进性和纯洁性是马克思主义政党的本质属性"①。新时代年轻干部要坚持先进性和纯洁性的自我要求，必须牢固树立"四个意识"和"四个自信"，做到忠诚干净担当。同时，应认识到党员干部的先进性和纯洁性是一个现实状态，以往先进不意味着现在先进，现在先进也不意味着永远先进。党员干部先进性和纯洁性的自我要求应做到长期化、常态化。

---

① 习近平：《在庆祝中国共产党成立 95 周年大会上的讲话》，人民出版社 2016 年版，第 22 页。

第六章　勤学苦练、增强本领

面对新形势、应对新挑战、解决新问题、探索新道路，需要具备新知识、新技能和新本领。克服本领恐慌，提高工作本领，增强为人民服务的能力是当今年轻干部科学应对日益变化的世情、社情、国情、党情的主体需要，既是时代发展的迫切要求，也是年轻干部成长成才的必然要求。功崇惟志，业广惟勤。正如习近平总书记指出："干部成长无捷径可走，经风雨、见世面才能壮筋骨、长才干。要做起而行之的行动者、不做坐而论道的清谈客，当攻坚克难的奋斗者、不当怕见风雨的泥菩萨，在摸爬滚打中增长才干，在层层历练中积累经验。"①

---

① 《习近平谈治国理政》第三卷，外文出版社 2020 年版，第 522 页。

年轻干部只有牢记空谈误国、实干兴邦的科学道理，坚持知行合一、真抓实干的工作作风，秉承以学益智、以学修身、以学增才的学习态度，以时不我待的精神，一刻不停增强本领，才能在勤学善思中做实干家，才能在各项工作中始终不渝地践行党的性质与宗旨。

一、勤学苦练

中国共产党人具有勤学苦练的光荣传统和优良作风。学习是马克思主义政党和马克思主义者的内在属性，善于学习不仅体现为全体党员干部的个人属性，而且体现为中国共产党的组织属性。百年来，中国共产党人在勤学苦练中掌握了马克思主义的基本立场、观点和方法，并自觉地将其与中国革命、建设、改革的具体实际紧密结合，与中华优秀传统文化深度融合，形成了马克思主义中国化的宝贵成果，指引中国共产党领导人民实现开天辟地、改天换地、翻天覆地、惊天动地的变化，中华民族迎来了从站起来、富起来到强起来的历史性飞跃。可以说，勤学苦练的精神赋予了中国共产党科学认识世界和改造世界的能力，以强大的自觉意识和自信能力解决了中国向何处去的问题，并为回答世界向何处去问题贡献了中国智慧和中国方案。

（一）中国共产党是一个学习型政党

中国共产党作为马克思主义政党，是始终保持自我革命精神的执政党。勇于自我革命，是我们党最鲜明的品格，也是我们党最大的优势。保持这种品格和发挥这种优势，就要不断进行自我净化、自我完善、自我革新、自我提高，就要不断提升适应外部环境、回应现实问题、解决各种矛盾的能力和水平。正如习近平总书记指出：我们处在前所未有的变革时代，干着前无古人的伟大事业，如果知识不够、眼界不宽、能力不强，就会耽误事。① 百年来，中国共产党正是通过不断增强自身本领来领导中国革命、建设、改革事业的，并因此取得了举世瞩目的伟大成就。进入新时代，统筹中华民族伟大复兴战略全局和百年未有之大变局，我们党更需要保持勤学苦练精神建设学习型政党，确保始终走在时代前列。

1. 坚持学习是马克思主义政党接续性发展的动力

政党对现实和时代的应变回应能力是一个政党存续的重要基础和必要前提。从一定意义上来讲，政党政治是当今世界的一般性运行规则和普遍性政治现象，不同政治属性和组织形态的政党在学习方面呈现出了不同的状态和方式。纵观自政党产生以来的历史，特别是国际共产主义运动史，可以发现，政党自身的学习对于政党的产生、存在、发展至关重要。政党学习的效度影响着政党能力与政治社会发展之间的匹配程度，进而关系到党的前途命运乃至生死存亡。通过历史对比可以得到正反两方面的经验，那些善于学习的政党往往能够长期处于执政地位，而那些自我封闭的政党往往陷入发展窠臼。历史证明，如果一个政党在自身发展过程中不重视学习，往往就会思想僵化、固步自封、止步不前，长此以往其创造力就会衰竭，生命力也会停滞，最终会将自身的先进性消耗殆尽，也就会直接丧失自身的领导能力和执政能力。而马克思主义政党坚持以马克思主义为指导，作为指导思想的马克思主义具有鲜明的开放性和发展性，并不是一种一成不变的僵化的教条，而是在时空转换中不断实现新的发展，这就对政党主体提出了守正创新的要求。作为变

---

① 《习近平：信念坚定对党忠诚实事求是担当作为　努力成为可堪大用能担重任的栋梁之才》，《人民日报》2021 年 9 月 2 日。

革世界的政治组织，马克思主义政党将指导思想的属性要求与自身的政治目标紧密结合起来，成为其实现接续性发展的强大内在动力。

马克思主义政党坚持学习是由其内在特质决定的。马克思主义政党是代表最广大人民利益的政党，致力于在无产阶级解放的基础上实现全人类的解放。谋求执掌国家政权只是无产阶级革命的第一步，从这个角度来讲，处于执政状态的马克思主义政党还要继续履行自身的政治使命，这就要求马克思主义政党要不断根据变化了的外部环境对自身的路线、方针、政策以及战略、策略等做出调整，以回应现实的执政需要，夯实阶级基础和群众基础，捍卫执政地位和领导地位。与此同时，坚持学习不仅是马克思主义政党的主体整体性自觉的表现，而且是马克思主义政党加强自身组织建设和提高党员觉悟的重要途径。从中国共产党发展的历程来看，目前已经形成了包括政治建设、思想建设、组织建设、纪律建设、作风建设、制度建设和反腐败斗争在内的建设格局，而这些建设机制作用的发挥都要借助学习的手段和形式。此外，全体党员干部的理论学习、党性锤炼、政治历练等也需要发挥学习的价值和功用。换言之，马克思主义政党坚持学习是科学有效应对外部环境变化的需要，也是加强自身建设的需要，特别是对于社会主义国家的无产阶级政党而言，学习对于马克思主义政党确保长期执政至关重要。

2. 善于学习是中国共产党的优良传统和重要优势

作为马克思主义与中国工人运动相结合的产物的中国共产党，也高度重视学习的价值和作用。在中国共产党成立前夕，早期的共产主义觉悟分子就注重通过筹建研究会、创办报刊等形式来组织学习、研究和宣传马克思主义，并在逐步扩大影响的基础上，为中国共产党的成立做了思想理论上的准备。中国共产党成立后，在继续通过报刊、研究会等阐释传播马克思主义的同时，创办了党校、团校、干校、工人运动讲习所、农民运动讲习所等各类学习先进思想的学校，从而对党员和广大人民群众进行广泛的宣传教育。但由于处于幼年时期的中国共产党理论准备不足以及学习方法出现的偏差等，出现了两次胜利、两次失败的正反对比。在经历了成败的转换之后，以毛泽东为主要代表的中国共产党人强调反对本本主义、发扬调查研究优良作风，逐步确立了实事求是的思想路线。尤其是经过延安整风，中国共产党形成了科学的学习观。1938 年 10 月，党的六届六中全会上，毛泽东向全党发出了开展学习竞赛的号召和要求，从 1938 年 10 月到 1942 年 2 月整风运动全面发动后转入整风学习，在延安开展了一场"包括党、政、军、民、学的，民众团体中的工作干部和学校里的工作干部都在内"① 的所有在职干部学习运动，在整风运动中利用党内会议、创办刊物、开办党员干部训练班等，集中组织党员干部进行学习和讨论。这场整风运动对党的自身建设产生了直接且广泛的影响，并对此后党的建设产生了深远影响。新民主主义革命时期，党根据革命的阶段性任务组织了不同类型的教育活动，确保了党在民主集中制基础上的团结一致和集中统一领导。

社会主义革命和建设时期，党实现了从局部执政到全国执政的转变。为适应全国性执政要求和大规模现代化建设的需要，在广大党员干部中间开展了一系列的学习活动。在思想理论层面，开展学习马列主义和毛泽东思想的活动；在方针政策层面，开展学习党在过渡时期总路线和方针政策的活动；在专业技能层面，开展学习科学文化知识和管理经验的活动，并通过整党运动等进行党的优良传

---

① 《毛泽东文集》第二卷，人民出版社 1993 年版，第 184 页。

统作风和反腐倡廉教育，为实现和平过渡和全面社会主义现代化建设提供了组织保障。改革开放和社会主义现代化建设新时期，在全社会广泛开展真理标准问题大讨论，实现了党的思想路线的恢复和发展，党内学习机制进一步完善，形成了中央政治局集体学习制度，举办省部级主要领导干部专题研讨班，以及创立了集中轮训、专题培训机制等，从而使得干部教育培训工作科学化、制度化、规范化水平不断提高，有效增强了党员的学习意识与本领。

进入新时代，中国共产党的学习形态发生深刻变化，形成了党内学习的新形态。2013 年 3 月 1 日，在庆祝中央党校建校 80 周年大会暨 2013 年春季学期开学典礼上的讲话中，习近平总书记指出："中国共产党人依靠学习走到今天，也必然要依靠学习走向未来。我们的干部要上进，我们的党要上进，我们的国家要上进，我们的民族要上进，就必须大兴学习之风，坚持学习、学习、再学习，坚持实践、实践、再实践。"① 为加强学习需要，新时代以来，我们党继续坚持和完善中央政治局集体学习制度，强化了主题教育机制。2013 年开展了党的群众路线教育实践活动，推动了新型党群关系的塑造。2015 年开展了"三严三实"专题教育，对党内政治生态进行了净化与重塑。2016 年开展了"两学一做"学习教育，在全党进行了一场广泛的学习活动。2019 年开展了"不忘初心、牢记使命"主题教育，并建立了不忘初心、牢记使命的制度。2021 年中国共产党迎来了百年华诞、"两个一百年"奋斗目标历史交汇的关键节点，全党集中开展党史学习教育。经过一系列的党内教育学习活动和干部培训活动，既发扬了党的优良传统和重要优势，也提升了党员干部的思想觉悟、理论水平、党性修养和工作

---

① 《习近平谈治国理政》第一卷，外文出版社 2018 年版，第 407 页。

能力。

3. 中国共产党将学习型政党作为自身建设的目标

党在长期的革命、建设、改革过程中逐渐探索出了集体学习与自我学习、集中性教育和经常性教育相结合的学习机制和教育机制，并且在机制完善过程中实现了常态化、长期化运行，成为党进行自身建设和治国理政的重要机制载体。从达成全党共识的角度明确提出"学习型政党"的概念，经历了一个长期的演进过程。党的十六届四中全会通过了《中共中央关于加强党的执政能力建设的决定》，在这个决定中党第一次明确强调，要重点抓好领导干部的理论和业务学习，带动全党的学习，努力建设学习型政党，这是第一次在党的正式文件中提出这一概念。党的十七届四中全会通过的《中共中央关于加强和改进新形势下党的建设若干重大问题的决定》，进一步明确了建设马克思主义学习型政党的战略任务。党的十八大以来，继续将建设学习型政党作为自身建设的重要指向和发展目标，并且逐步完善了党内学习和党内教育的体制机制。

新时代意味着党面临着新的赶考路，赶考路上需要克服本领恐慌。正如习近平总书记所说："我们的事业越前进、越发展，新情况新问题就会越多，面临的风险和挑战就会越多，面对的不可预料的事情就会越多。我们必须增强忧患意识，做到居安思危，懂就是懂，不懂就是不懂；懂了的就努力创造条件去做，不懂的就要抓紧学习研究弄懂，来不得半点含糊。"[①] 为此，党的十九大报告把"全面增强执政本领"列为新时代党的建设的重要任务，从而将党组织和党员干部的本领增强提升到关乎全局的重要位置。党的十九大报告进一步提出了八大执政本领，其中第一条就是："增强学习

---

① 《习近平谈治国理政》第一卷，外文出版社2018年版，第23页。

本领，在全党营造善于学习、勇于实践的浓厚氛围，建设马克思主义学习型政党，推动建设学习大国。"① 将学习本领置于首要位置，不仅体现了增强学习能力的至关重要性，而且凸显了学习本领对于掌握其他本领的关联性和作用性，从一定意义上来讲具有根本性、基础性、长期性意义和价值。并且在此进一步提出了建设"马克思主义学习型政党"的命题，提出了建设"学习大国"的目标和任务，从而将学习型政党建设与学习型社会、学习型国家建设紧密结合起来，实现党风与社风、政风建设的协调互动，在全党、全社会、全国营造出了乐学好学善学的良好氛围。

（二）立足工作需要增强学习自觉性

学习型政党建设对党员干部提出了自觉的要求。对于如何提高学习自觉，党也进行了科学阐释和系统安排。正如习近平总书记指出：年轻干部精力充沛、思维活跃、接受能力强，正处在长本事、长才干的大好时期，一定要珍惜光阴、不负韶华，如饥似渴学习，一刻不停提高。② 习近平总书记对年轻干部的自身特质与学习本领的提升之间的关系进行了分析。在学习方法层面，要发扬"挤"和"钻"的精神，多读书、读好书，从书本中汲取智慧和营养。③ 在学习要求层面，习近平总书记强调，要结合工作需要学习，做到干什么学什么、缺什么补什么。④ 学习自觉体现为学习活动的主体

---

① 习近平：《决胜全面建成小康社会　夺取新时代中国特色社会主义伟大胜利——在中国共产党第十九次全国代表大会上的报告》，人民出版社 2017 年版，第 68 页。
② 《习近平：信念坚定对党忠诚实事求是担当作为　努力成为可堪大用能担重任的栋梁之才》，《人民日报》2021 年 9 月 2 日。
③ 《习近平：信念坚定对党忠诚实事求是担当作为　努力成为可堪大用能担重任的栋梁之才》，《人民日报》2021 年 9 月 2 日。
④ 《习近平：信念坚定对党忠诚实事求是担当作为　努力成为可堪大用能担重任的栋梁之才》，《人民日报》2021 年 9 月 2 日。

主动性、方法科学性、要求全面性，这就需要年轻干部紧密结合自身的素质水平、工作需要、能力要求等，不断提升学习本领。

1. 珍惜宝贵时光，增强学习主动

把学习当成一种生活态度、一种工作责任、一种精神追求，是年轻干部保持学习主动的集中表现。习近平总书记曾深刻指出：善于学习，就是善于进步。[①] 做到好学乐学，才能在珍惜利用宝贵时光中不断提升自己。首先，增强学习主动是把握历史主动的必然要求。随着经济社会持续快速发展，我国综合国力的持续性增长已然深刻改变了国际政治经济格局，并且对建构更加公正合理的国际秩序、重塑全球治理秩序产生了直接影响，我国在自身实现历史性飞跃的过程中日益走近世界舞台中央。与此同时，各种矛盾、风险、挑战也在不断增加，我们党不仅面临长期执政考验、改革开放考验、市场经济考验、外部环境考验四大考验，以及精神懈怠危险、能力不足危险、脱离群众危险、消极腐败危险四种危险，而且面临许多新的更多的不确定性和不稳定性因素，特别是要警惕"黑天鹅""灰犀牛"事件。这些因素既与国际形势深刻复杂变化有关，也与我国国际地位提升、深度参与世界事务有关。以上这些变数对于处于长期执政地位的中国共产党产生了广泛影响，对各级领导干部也提出了更多的知识技能要求。其次，增强学习主动是练就高强本领的基本要求。国内外形势变化更需要年轻干部接续强化学习能力，正如习近平总书记强调："领导十三亿多人的社会主义大国，我们党既要政治过硬，也要本领高强。"[②] 对于执政党是如此，而党又是由全体党员和各级各类组织共同推进完善的，政党本领的提升有赖于组织能力特别是干部能力的提升。再次，增强学习主动是

---

① 《习近平为第五批全国干部学习培训教材作序》，《人民日报》2019 年 3 月 1 日。
② 《习近平谈治国理政》第三卷，外文出版社 2020 年版，第 53 页。

中华民族的传统美德。谦逊好学也是中华民族的传统美德，反映了中华优秀传统文化的独特智慧。在中华优秀传统文化中存在很多谦逊好学的经验与智慧，比如，先贤认为"不自满者受益，不自是者博闻"，"满招损，谦受益"等。中国共产党人作为中华优秀传统文化的继承者、发扬者，在百年发展中深刻借鉴了其中的精神和智慧，体现出推进中华优秀传统文化创造性转化和创新性发展的鲜明特点。

2. 立足发展实际，拓展学习范围

进入新时代，特别是在打赢脱贫攻坚战和全面建成小康社会之后，我国进入了高质量发展的新阶段，在这一新阶段要贯彻新发展理念、建构新发展格局、形成新发展样态。这就需要领导干部特别是年轻干部要努力研究新发展阶段出现的新情况、新问题、新矛盾、新挑战，不断更新自身的知识体系，不断提升自身的专业能力，如此才能制定出新政策、谋划出新方案、解决好新问题。对此，习近平总书记强调："注重培养专业能力、专业精神，增强干部队伍适应新时代中国特色社会主义发展要求的能力。"① 无论是从领导干部的自身来讲，还是从党的整体执政形态来讲，不断拓展年轻干部的学习范围、增强学习本领都具有重要意义。广大党员干部只有不断学习、善于学习，才能不断增强党的政治领导力、思想引领力、群众组织力、社会号召力，不断增强适应新时代党和国家事业发展要求的能力，向人民群众交出满意的答卷。这既是提升党的科学执政水平的基本要求，也是始终保持党先进性的内在需要，更是年轻干部担当时代重任的必然要求。

3. 回应工作要求，提升学习效度

年轻干部强化学习，不仅要注重提升学习主动性，拓展学习知

---

① 《习近平谈治国理政》第三卷，外文出版社2020年版，第50页。

识面，而且要注意增强学习的效度，这也是关系到学习初衷和意义的关键问题。习近平总书记高度重视年轻干部的学习状态和学习方法，他对此曾经深刻指出："要学有所成，就必须永不自满。现在，有的党员、干部对理论学习不重视，把自学变不学；有的想起来就学一学，三天打鱼、两天晒网；有的拿学习来装门面，浅尝辄止、不求甚解；有的学习碎片化、随意化，感兴趣的就学、不感兴趣的就不学；不少年轻干部理论功底还不扎实、理想信念还不够坚定。要做到真学真懂真信真用，还需要下更大气力。"① 真学真懂真信真用的"四真"要求，体现了深刻的辩证关系，通过学习来强化认知认同、信念信心并实现学以致用，这是年轻干部立足新时代不断强化学习本领的重要归宿。针对国内外、党内外情况的新变化，习近平总书记还告诫我们："要跟上时代步伐，不能身子进了新时代，思想还停留在过去，看问题、作决策、推工作还是老观念、老套路、老办法"②，突出强调了党员干部要努力形成守正创新意识，真正做到因时制宜、因地制宜。这样才能确保党的顶层设计、制度安排、政策制定等，符合新时代发展的需要，符合人民群众的迫切需要，符合时代发展的潮流趋势。

（三）完善履职尽责必备的知识体系

形成完善的履职尽责的知识体系，要进行全面、系统、科学的学习。在学习内容上，既要体现多元性，也要体现整体性，如此才能建构起功能齐全、结构完整的知识体系。正如习近平总书记指出，要学习马克思主义理论特别是新时代党的创新理论，学习党

---

① 习近平：《在"不忘初心、牢记使命"主题教育总结大会上的讲话》，人民出版社2020年版，第13—14页。

② 《习近平谈治国理政》第三卷，外文出版社2020年版，第540页。

史、新中国史、改革开放史、社会主义发展史，学习经济、政治、法律、文化、社会、管理、生态、国际等各方面基础性知识，学习同做好本职工作相关的新知识新技能，不断完善履职尽责必备的知识体系。① 这就要求年轻干部，要通过读原著、学原文、悟原理来掌握马克思主义理论成果，要通过系统的"四史"学习来掌握中国共产党、中华人民共和国、改革开放和世界社会主义发展的历史逻辑，要通过系统的专业化学习掌握治国理政的基础性知识，要通过理论与实践的紧密结合来掌握新知识和新技能。

1. 深入学习马克思主义理论

学习马克思主义基本理论是共产党人的必修课，也是共产党人坚定马克思主义信仰、共产主义理想、社会主义信念的关键途径，提高马克思主义理论水平是年轻干部丰富知识、提高本领的根本性要求。马克思主义在与中国实际和中华优秀传统文化相结合的过程中，产生了一系列宝贵的理论成果，尤其是进入新时代产生了习近平新时代中国特色社会主义思想这一最新理论成果，这些宝贵成果是提高年轻干部理论水平的根本遵循。

学习马克思主义理论，要坚持科学的方法论。一要坚持全面性要求。马克思主义理论是一个结构完整的思想体系，揭示了自然界和人类社会发展的基本规律，尤其是在唯物史观和剩余价值理论两大发现基础上，揭示了"两个必然"和"两个绝不会"，并为实现全人类的解放找到了现实力量，指明了人类社会发展的方向。要从整体性角度理解和认知马克思主义，而不能用片面零散、断章取义甚至浅尝辄止、望文生义的方式理解马克思主义。二要坚持系统性要求。马克思主义从主要组成部分来讲，包括马克思主义哲学、政

---

① 《习近平：信念坚定对党忠诚实事求是担当作为　努力成为可堪大用能担重任的栋梁之才》，《人民日报》2021 年 9 月 2 日。

治经济学、科学社会主义三部分，并其内容还涉及历史学、社会学、人类学等诸多学科的内容。更为重要的是，马克思主义的不同组成部分和内容之间有着紧密的逻辑关系，为此就要抵制和反对割裂式、机械式的理解方式，而要从马克思主义的整体逻辑出发，深入理解马克思主义丰富体系的内容关系。三要坚持实践性要求。马克思主义是科学的社会革命理论，不是停留在逻辑思辨层面的思维游戏，而是致力于改造世界的科学思想体系。其关键就在于将实践作为根本观点，立足现实坚持理论与实践的辩证统一。这就启示我们要从马克思主义的实践转化中理解理论的真理性和价值性。四要坚持开放性要求。开放性是马克思主义的基本特质，也是马克思主义得以中国化的基本条件。马克思主义在中国特定时空条件下实现了历史性飞跃，创造了宝贵的思想成果。五要坚持科学性要求。学习马克思主义理论要运用科学的方法，实现原则性与灵活性的统一。既注重通过专题性学习、集中性教育、活动式学习等方式进行理论学习，也要将马克思主义理论学习与党内的经常性教育活动、党内政治生活、党员党性锤炼紧密结合起来，形成多元化的理论学习机制和良好的学习氛围。

2. 系统学习把握"四史"的基本内容

"四史"教育是新时代加强党员干部教育的重要形式，这一教育主题的提出经历了一个发展演进的过程。2019年11月，习近平总书记在考察上海时专门指出，要引导广大党员、干部深入学习党史、新中国史、改革开放史，让初心薪火相传，把使命勇担在肩①，形成了三史的表述形式，此后这种表述根据历史教育需要实现了转化与创新。2020年1月8日，习近平总书记在"不忘初心、牢

---

① 《习近平：深入学习贯彻党的十九届四中全会精神　提高社会主义现代化国际大都市治理能力和水平》，《人民日报》2019年11月4日。

记使命"主题教育总结大会上再次强调，要把学习贯彻党的创新理论同学习党史、新中国史、改革开放史、社会主义发展史结合起来，进一步加入了"社会主义发展史"的内容。2020年5月21日，中央党校（国家行政学院）向各级党校（行政学院）发出通知，要求进一步加强"四史"教学工作，从而形成了相对成型的表述形式，并且这一教育主题也成为全社会开展历史教育的基本内容。同年5月，中共中央办公厅印发《关于在全社会开展党史、新中国史、改革开放史、社会主义发展史宣传教育的通知》，对在中国共产党成立100周年之际开展"四史"宣传教育作出安排部署，特别是2021年是中国共产党成立100周年，以党史教育为主要内容的"四史"宣传教育在全社会学习教育中呈现了新形态，塑造了新风尚。

"四史"教育体现了史实史论史鉴的辩证统一。加强"四史"学习教育，就是要通过在全社会开展党史、新中国史、改革开放史、社会主义发展史教育，引导包括年轻干部在内的广大人民群众特别是青少年，切实弄清楚中国共产党为什么"能"、马克思主义为什么"行"、中国特色社会主义为什么"好"等基本道理，使得广大党员干部真正深入把握党始终保持先进的政治属性、崇高的政治理想、高尚的政治追求、纯洁的政治品质，坚定不移听党话、跟党走，在全面建设社会主义现代化国家伟大实践中继续发挥自身才能建功立业。与此同时，"四史"教育是传承红色基因的重要形式。从石库门到天安门，从兴业路到复兴路，从一叶红船到巍巍巨轮，红色是不变的主题色。一百年前的红色火种，在革命、建设、改革的历程中已成燎原之势，见证了中国共产党的发展壮大，也照亮了中华民族伟大复兴的光明前景。红色资源以特有的方式阐述了红色政权来之不易、新中国来之不易、中国特色社会主义来之不易。为此，在"四史"教育特别是在党史学习教育中，要充分运用红色资源，教育引导广大党员尤其是年轻干部，要始终坚定理想信念，不断增强斗争精神，接续提高斗争本领，做到在复杂形势面前不迷航、在艰巨斗争面前不退缩。

3. 掌握治国理政的各方面基础性知识

文化素质和知识水平的高低决定着一个人对事物的认识程度和分析解决问题的能力，也影响着年轻干部认识社会发展现状、分析现实问题、解决难题的能力。治国理政是一个系统庞大长期的工程，特别是"中国之治"的实现和创造要以执政党的本领体系和领导干部的知识体系为依托。中国作为当今世界最大的社会主义国家和最大的发展中国家，不仅面临着诸多的困难、问题和挑战，而且在坚持和发展中国特色社会主义这项前无古人的崭新事业中面临着诸多的不确定性，这些对于作为长期执政的中国共产党来说都提出了更高的要求。与此同时，中国共产党作为世界上最大的马克思主义执政党，对偌大一个政党进行自我治理本身就是一个治理难题，实现以政党治理推进国家治理现代化，因此基于中国制度创造"中国之治"是对中国共产党治国理政能力的重大考验，也是对各级各类领导干部能力的重大考验。系统学习治国理政的基础性知识要讲求科学的方法。要坚持全面性、系统性、长期性要求，从治国理政的切实需要、年轻干部的学习需要、具体工作的现实需要出发，将基础性知识学习进行系统规划和有序安排，从而对关系治国理政的经济、政治、法律、文化、社会、管理、生态、国际等各领域、各方面的知识有整体性把握。

4. 立足工作需要学习新知识和新技能

特别是对于年轻干部而言，其学习的归宿是运用。学习不是用以标榜的口号，也不是应对要求的形式，学习追求的是获得实质性的知识和技能，特别是在工作实践中急需的知识和技能。其一，坚持实事求是的思想路线，自觉向实践学习，坚持一切从实际出发的基本观点，运用理论联系实际的工作方法，发扬实事求是的优良传统，牢固树立在实践中检验真理的自觉意识，不断从实践中获得新知。其二，坚持从群众中来到群众中去的群众路线，自觉拜人民为师。唯物史观的基本观点认为，人民群众不仅是物质财富的创造者，而且是精神财富的创造者，并且决定着社会的变革。年轻干部应当善于从人民群众的广泛实践中总结经验，从人民群众的建议中汲取智慧，从人民群众的诉求表达中思考政策。其三，坚持术业有专攻的专业精神，在工作实践中注重培养高尚的职业道德、职业操守和奉献精神，提升自身的专业知识、专业能力和专业作风，以过硬的专业素养和技术能力适应新时代中国特色社会主义的发展要求。

二、增 强 本 领

当前，世界正处于百年未有之大变局的加速演进期，中华民族伟大复兴进入了关键时期，百年大党历经革命、建设和改革的伟大实践，逐渐发展成为一个成熟的马克思主义执政党。处于前所未有的变革时代，党带领中国人民开启了全面建设社会主义现代化国家、实现民族复兴的新征程，新起点新目标新方案对全体党员、领导干部特别是年轻干部提出了更高要求，习近平总书记曾指出："全党同志特别是各级领导干部，都要有本领不够的危机感，都要努力增强本领，都要一刻不停地增强本领。只有全党本领不断增强了，'两个一百年'的奋斗目标才能实现，中华民族伟大复兴的中国梦才能梦想成真。"① 党与人民干着前无古人的伟大事业，事业

---

① 《习近平谈治国理政》第一卷，外文出版社 2018 年版，第 403 页。

要靠本领成就，为此，年轻干部必须深刻认识到增强本领的紧迫性和重要性，坚定增强本领的理性认知、政治自觉和实际行动。并且，年轻干部要明确"本领不是天生的，是要通过学习和实践来获得的"①，要坚信在实践中出真知、长真才，坚持在干中学、学中干，掌握增强本领的科学方法，优化增强本领的工作路径，循序渐进、稳扎稳打，切实提升增强本领的实效。

（一）实践是出真知长真才的必然路径

作为党和国家事业发展的生力军，年轻干部正处在长本事、长才干的大好时期，如何才能成为可堪大用、能担重任的栋梁之才，如何才能具备能干事、干大事的政治要求，关键在于不断增强自身过硬的政治本领。年轻干部政治本领的获得与历练，不是与生俱来的，也不是照搬书本知识的机械动作，更不是靠"拍脑袋"得来的，而是实践出真知，实践长真才。② 为此，年轻干部必须掌握坚持在实践中砥砺磨炼，脚下沾满泥土，心中装着群众，多接几个"烫手的山芋"，多当几回"热锅上的蚂蚁"，多经受几次"真枪实刀考验"，练就过硬本领。

1. 实践的观点是马克思主义认识论的根本观点

中国共产党作为马克思主义政党，马克思主义是党的指导思想，在意识形态领域居于根本指导地位，这也是在坚持和发展中国特色社会主义的实践中形成的根本文化制度。实践观是马克思主义的重要组成部分，正确处理了认识和实践辩证统一关系，是马克思主义认识论的根本观点。正如习近平总书记指出：要学习掌握认识

---

① 《习近平谈治国理政》第一卷，外文出版社 2018 年版，第 403 页。
② 《习近平：信念坚定对党忠诚实事求是担当作为　努力成为可堪大用能担重任的栋梁之才》，《人民日报》2021 年 9 月 2 日。

和实践辩证关系的原理，坚持实践第一的观点，不断推进实践基础上的理论创新。[①] 坚持马克思主义实践观，就要坚持实践是检验真理的唯一标准。什么是真理，什么是谬误，真理与谬误何以判断，这曾是长期困扰人们的一个重要问题。以既有的真理评判新出现的认识、看法和观点是否科学，不仅得不到正确的结论，而且容易陷入形而上学的泥淖。只有在客观实践中，才能检验真理、发展真理，这是马克思主义实践观的基本要求；坚持马克思主义实践观，就要坚持实践第一的观点。实践标准要求正确地认识世界，在认识世界的基础上能动地改造世界；坚持马克思主义实践观，就要坚持推进实践基础上的理论创新。理论的生命力在于创新，创新不是词藻、命题、论断的自我演绎，而是依据实践发展的客观要求和现实需要，对于理论完善与创新提出迫切要求，进而推动理论发展。

2. 理论联系实际是党的思想路线的途径和方法

理论联系实际是马克思主义的理论品质，也是我们党的三大优良作风之一。在革命战争年代，根据我国社会的主要矛盾和革命斗争需要，毛泽东强调把马克思主义基本原理同中国革命的实践紧密结合，形成了理论联系实际的工作作风。进入改革开放和社会主义现代化建设新时期，党领导人民接续推进社会主义事业走出了一条中国特色社会主义道路，鲜明体现了一切从实际出发、理论联系实际。进入中国特色社会主义新时代以来，习近平总书记反复强调全体党员要秉承理论联系实际的工作要求，我们党的历史反复证明，什么时候理论联系实际坚持得好，党和人民事业就能够不断取得胜利；反之，党和人民事业就会受到损失，甚至出现严重曲折。理论联系实际，前提是学懂弄通理论、掌握思想真谛。年轻干部要刻苦

---

① 《习近平总书记系列重要讲话读本（2016 年版）》，学习出版社、人民出版社 2016 年版，第 281 页。

钻研马克思主义基本原理特别是新时代党的创新理论成果，努力掌握蕴含其中的立场观点方法、道理学理哲理，做到知其言更知其义、知其然更知其所以然。① 年轻干部要始终坚持从实际出发想问题、办事情，持续推进实际基础上的理论创新、制度创新和实践创新。

3. 工作实践是锤炼年轻干部才能的方式与路径

纸上得来终觉浅，绝知此事要躬行。当前，世情、国情、党情发生深刻变化，党和国家发展面临着前所未有的难得机遇，要应对的风险挑战也明显增多。年轻干部在各自工作岗位上担当干事，工作实践中要妥善处理改革、发展、稳定等各项工作，在服务群众工作中要想群众之所想、急群众之所急，必须树立马克思主义实践观。坚持在实践中增长知识、筑牢理论功底，从实践中、群众的口碑中评判工作实效，"凡是有利于党和人民的事，我们就要事不避难、义不逃责，大胆地干、坚决地干"②，从而实现在工作实践中不断提升自身才能。从推动年轻干部队伍发展来看，扑下身子、深入一线、扎根基层是在工作实践中锻炼自我的必然要求和可行路径，"江山就是人民，人民就是江山，人心向背关系党的生死存亡"③。要始终保持同人民群众的血肉联系，必须践行党的群众路线，这就要求党员领导干部想问题、干事情、做工作要从与人民群众紧密相关的生产、生活实践中出发，立足工作一线，深入了解群众，回到问题产生的根源，找准施策点，才能有助于提升解决问题的实效，增强人民群众的获得感，从而在基层一线工作的实践中不

---

① 《习近平：立志做党光荣传统和优良作风的忠实传人　在新时代新征程中奋勇争先建功立业》，《人民日报》2021 年 3 月 2 日。

② 《习近平：信念坚定对党忠诚实事求是担当作为　努力成为可堪大用能担重任的栋梁之才》，《人民日报》2021 年 9 月 2 日。

③ 习近平：《在党史学习教育动员大会上的讲话》，人民出版社 2021 年版，第 15 页。

断锤炼自己的工作才能。

（二）坚持干中学与学中干的辩证统一

如何处理学习与实干之间的关系，也是关乎年轻干部成长成才的重要问题。基于历史经验的总结、干部成长规律的认识、个人成才经历的积淀，习近平总书记指出：坚持在干中学、学中干是领导干部成长成才的必由之路。① 干中学与学中干是真正实现学以致用、用以促学、学用相长的科学途径，现代领导活动与学习的关系不是相互割裂、彼此分离的，而是紧密相关、相互影响的，共同作用于提升领导干部的自身发展和工作能力。年轻干部既要把学习当成一种工作责任，也要把提升工作能力作为一种基本要求，善于处理学中干和干中学的相互关系。坚持学习与实干循环互动的学习方法也是现实环境的基本要求，"如果我们不努力提高各方面的知识素养，不自觉学习各种科学文化知识，不主动加快知识更新、优化知识结构、拓宽眼界和视野，那就难以增强本领，也就没有办法赢得主动、赢得优势、赢得未来。"② 增强本领是应对本领恐慌的必然要求，这不仅对于年轻干部来说至关重要，而且对于一个政党的接续发展同样重要。面临世界变局、战略机遇要把握历史主动、赢得未来优势就要不断增强自身本领，而政党本领的增强有赖于全体党员特别是作为"关键少数"的领导干部本领的增强来实现。

1. 运用党的科学理论优化思想方法

理论创新每前进一步，理论武装就要跟进一步。百年党史是党与人民探索革命、建设和改革的伟大实践，也是党的理论成果创新

---

① 《习近平：信念坚定对党忠诚实事求是担当作为 努力成为可堪大用能担重任的栋梁之才》，《人民日报》2021年9月2日。

② 《习近平谈治国理政》第一卷，外文出版社2018年版，第403页。

发展的历史。年轻干部精力充沛、思维活跃、接受能力强，要更好解决知识不够、理论不足、眼界不宽，就要学会掌握马克思主义理论武器，特别是加强马克思主义中国化最新理论成果——习近平新时代中国特色社会主义思想的理论武装，提高马克思主义理论水平和运用能力，要深入学习党的理论创新成果，前后贯通学、及时跟进学，运用党的科学理论优化思想方法，解决思想困惑，检视自身思想作风和精神状态，牢固树立正确的世界观、人生观、价值观和权力观、政绩观、事业观，使自己的思维方式和精神世界更好适应事业发展需要①。党的创新理论成果继承和发展了马克思主义理论，是在推进中国特色社会主义实践中生成，也要在实践中完善与发展，这就要求年轻干部善于运用党的科学理论优化思想方法、武装头脑，及时跟进学，运用党的创新理论指导工作实践、提升工作本领，积极推动党的理论成果转化为建设社会主义现代化国家的实践力量。

科学思维方法是提升年轻干部能力的必要条件。围绕着提升科学思维能力，习近平总书记阐述了六大思维能力，即战略思维能力、历史思维能力、辩证思维能力、创新思维能力、法治思维能力、底线思维能力，这些科学方法和思维能力是科学推进国家治理、社会治理、基层治理以及政党治理的重要工具。这些思维能力有着特定的内涵，年轻干部要在理解其基本内涵、主要内容和科学指向的基础上实现有效培育与灵活运用。战略思维能力，即高瞻远瞩、统揽全局，善于把握事物发展总体趋势和方向的能力，这就要求年轻干部有立足全局、长远和整体的能力，善于运用系统观念思考解决问题。历史思维能力，即知古鉴今，善于运用历史眼光认识

---

① 《习近平：立志做党光荣传统和优良作风的忠实传人　在新时代新征程中奋勇争先建功立业》，《人民日报》2021年3月2日。

发展规律、把握前进方向、指导现实工作的能力，这就要求年轻干部要形成大历史观，特别是通过系统的历史学习，对中国共产党史、中华人民共和国史、改革开放史、社会主义发展史以及马克思主义发展史、中华民族史等有系统全面的把握和客观科学的理解，并重视从方针政策的历史演进过程中把握当下政策出台的必然性和重要性。辩证思维能力，即承认矛盾、分析矛盾、解决矛盾，善于抓住关键、找准重点、洞察事物发展规律的能力，这就要求年轻干部坚持运用全面发展的观点审视客观现实，并自觉运用矛盾分析法寻求问题解决方案。创新思维能力，即破除迷信、超越陈规，善于因时制宜、知难而进、开拓创新的能力，这就要求年轻干部要坚持守正创新精神，不断开创工作新局面。法治思维能力，即增强尊法学法守法用法意识，善于运用法治方式治国理政的能力，这就要求年轻干部要牢固树立法治意识，将自身能力提升融入法治国家、法治政府、法治社会的一体化建设之中。底线思维能力，即客观地设定最低目标，立足基本点争取最大期望值的能力，这就要求年轻干部要时刻保持不逾越底线、不践踏红线。

2. 始终坚持实事求是求真务实

实事求是作为党的思想路线，不仅关系到党的兴衰成败，而且关系到国家的前途命运。习近平总书记明确指出：坚持实事求是，就能兴党兴国；违背实事求是，就会误党误国。实事求是之于党的事业的重要性，是在革命成败的转化中得出的宝贵启示。新民主主义革命时期，特别是在党还处于幼年时期，一段时期出现了将苏联经验和共产国际决议神圣化、绝对化的现象，也出现了将马克思主义教条化现象，运用马克思主义经典作家在特定环境下的具体论断来分析普遍性问题，这就造成了理论与实践的割裂，并产生了一系列问题。但以毛泽东同志为主要代表的中国共产党人从正反两方面的经验中探索形成了实事求是的路线，并领导中国人民实现了民族独立和人民解放。改革开放新时期，在拨乱反正的背景下恢复和发展了党的思想路线，党领导中国人民取得了举世瞩目的伟大成就。进入新时代，特别是进入高质量发展阶段，建构新的发展格局，我们党面临着更为艰巨的任务、更为复杂的情况、更为严峻的调整，更加需要始终保持实事求是思想路线。为此，年轻干部要坚持实事求是、求真务实，从实际出发谋划事业和工作，使提出的点子、政策、方案符合实际情况、符合客观规律、符合科学精神，以创造性工作把党中央决策部署落到实处。①

年轻干部坚持实事求是要秉承科学的方法论。习近平总书记多次强调领导干部要加强坚持实事求是的能力。他在纪念毛泽东同志诞辰 120 周年座谈会上的讲话中，进一步深刻阐述了关于实事求是的"四个坚持"：第一，坚持实事求是，就要深入实际了解事物的本来面貌，秉承辩证唯物主义和历史唯物主义的基本观点，以求对客观事物形成科学全面的认知；第二，坚持实事求是，就要清醒认识和正确把握我国仍处于并将长期处于社会主义初级阶段这个基本国情，这一国情是我们进行顶层设计和基层探索的重要前提；第三，坚持实事求是，就要坚持为了人民利益坚持真理、修正错误，要始终保持政治定力和战略定力，勇于以自我革命精神进行自我审视；第四，坚持实事求是，就要不断推进实践基础上的理论创新，创新是动力更是事物发展的内在要求，年轻干部要保持创新精神深入开展各项工作。

3. 一以贯之坚持真抓实干狠抓落实

做实事、出实效是对年轻干部的基本要求。习近平总书记指

---

① 《习近平：立志做党光荣传统和优良作风的忠实传人　在新时代新征程中奋勇争先建功立业》，《人民日报》2021 年 3 月 2 日。

出：要坚持真抓实干、狠抓落实，一切工作都要往实里做、做出实效，不好高骛远、不脱离实际，力戒形式主义、官僚主义。① 马克思主义政党能否长期执政关键就在于是否始终与人民群众保持血肉联系，是否始终坚守自身的初心与使命，是否始终如一地贯彻党的纲领与路线。年轻干部秉持做实事、出实效的工作要求，充分体现了我们党的性质宗旨和优良作风的核心要求，力戒形式主义和官僚主义的不良影响。形式主义和官僚主义是侵蚀党的执政基础的突出要素，其形成、演变和危害对党员、党的组织都是不可忽视的，不仅会割裂马克思主义政党与人民群众的密切联系，而且会直接阻碍党的自身建设和党的事业的健康发展。由于形式主义和官僚主义本身具有长期性、顽固性等特点，决定了抵制和反对这两种作风不可能是一蹴而就的。为此，年轻干部坚持做实事、出实效的工作要求，从维护和发展人民群众的根本利益出发，克服形式主义和官僚主义，将各项工作落在促发展、抓落实、提质增效上。

"道虽迩，不行不至；事虽小，不为不成。"制度的生命力在于执行，落实工作的关键也在于执行。一是提高政治站位，不折不扣执行党的方针政策。年轻干部要不断提高自身的政治站位，善于运用党的一系列创新理论成果武装头脑、提高认识，尤其是以习近平新时代中国特色社会主义思想为根本指导，增强"四个意识"、坚定"四个自信"、做到"两个维护"，善于从讲政治的高度把握大局、分析问题、谋划工作、落实任务。二是发扬优良作风，坚定不移落实相关制度机制，要从决策、执行、监督的各个环节强化责任意识，决不能让制度成为"稻草人""纸老虎"。作为百年大党，中国共产党积累了宝贵的优良传统，要将这些传统和精神转

① 《习近平：立志做党光荣传统和优良作风的忠实传人　在新时代新征程中奋勇争先建功立业》，《人民日报》2021年3月2日。

化为新时代真抓实干狠抓落实的内在动力。三是增强学习自觉，以技能提升为前提落实工作。学习既是党的显著优势，也是党的优良传统。年轻干部要坚持从实践出发，坚持问题导向，既从书本中学，熟练掌握马克思主义看家本领，也要善于从工作实践中、从为人民群众的实践中学习，不断增强学习的成效，从而为真抓实干狠抓落实提供知识基础。

4. 做老实人、说老实话、干老实事

为人品行、工作态度、做事方式直接影响年轻干部的成才进程。习近平总书记语重心长地强调：要把做老实人、说老实话、干老实事作为人生信条，这样才能真正立得稳、行得远。① 态度关系到作风，作风代表着党的形象。党的十八大以来，以习近平同志为核心的党中央高度重视领导干部的作风问题，他在十八届中央政治局第十六次集体学习时的讲话中着重强调："领导干部要坚守正道、弘扬正气，坚持以信念、人格、实干立身；要襟怀坦白、光明磊落，对上对下讲真话、实话、心里话，绝不搞弄虚作假、口是心非那一套；要坚持原则、恪守规矩，严格按党纪国法办事，不成为不正当社会关系的编织者，绝不搞看人下菜、翻云覆雨那一套；要严肃纲纪、疾恶如仇，对一切不正之风敢于亮剑，绝不搞逃避责任、明哲保身那一套；要艰苦奋斗、清正廉洁，正确行使权力，在各种诱惑面前经得起考验，'不以一毫私意自蔽，不以一毫私欲自累'。"② 在对不良作风提出严重警告的同时，为培养合格年轻干部提供了基本原则和规范要求。与此同时，风成于上，俗形于下。领

---

① 《习近平：立志做党光荣传统和优良作风的忠实传人 在新时代新征程中奋勇争先建功立业》，《人民日报》2021年3月2日。
② 《习近平关于党风廉政建设和反腐败斗争论述摘编》，中国方正出版社、中央文献出版社2015年版，第88页。

导干部的生活作风和生活情趣不是一种封闭式的个人行为，特别是基于党风与政风、社风的紧密关系，领导干部作风包括工作作风、领导作风、生活作风等，不仅关系着领导干部本人的品行和形象，而且关系到党在人民群众中的威信和形象，并且对整个社会风气的塑造、对大众生活情趣的培养等，都具有上行下效的示范作用。为此，这就对年轻干部提出了更高的规范要求。

（三）善于在总结思考中提高认识水平

总结经验是我们党的优良工作作风，也是推动年轻干部成长的宝贵资源。同样是实践，是不是真正上心用心，是不是善于总结思考，收获大小、提高快慢是不一样的。如果忙忙碌碌，只是机械做事，陷入事务主义，是很难提高认识和工作水平的。[①] 年轻干部在实践中历练，也要通过总结历史经验教训，善于在工作总结中深入思考，探索和掌握工作中的一般规律和特殊要求，"党员、干部不管处在哪个层次和岗位，都要全身心投入，静下心来，认真学习、深入思考，做到学有所思、学有所悟、学有所得。"[②] 年轻干部既要着眼于解决人民群众最迫切的难题，提升应对解决党的建设的现实问题；也要从长远考虑，不断提升自我工作效能，从而推进提高党的领导能力和执政水平，在深刻变化的国内外形势面前确保始终发挥党的主心骨和定盘星作用。

1. 善于思考理论与实践之间的辩证关系

认识与实践之间的关系是重要的哲学议题。马克思主义哲学认为，实践的观点是核心观点。我国古代传统哲学中也有着关于认识

---

① 《习近平：信念坚定对党忠诚实事求是担当作为　努力成为可堪大用能担重任的栋梁之才》，《人民日报》2021年9月2日。

② 习近平：《在党史学习教育动员大会上的讲话》，人民出版社2021年版，第24页。

与实践辩证关系的科学认识，"耳闻之不如目见之，目见之不如足践之，足践之不如手辨之"。实践与认识不是相互对立、割裂开来的，认识不是无本之木、无源之水，而是有着实践这一深厚根基。实践决定认识，决定着认识产生和发展，是认识的源泉和动力，也是认识的目的和归宿。认识对于实践不是机械地存在，而是对实践具有能动的反作用。一般来说，正确的认识可以指导着进行正确的实践，反之，错误的认识也会导致错误的实践。认识与实践的辩证关系原理为我们正确分析理论与实践的关系提供了基本遵循，对于年轻干部来说，不唯书、不唯上、只唯实，是客观审视理论与实践辩证关系的根本要求，也是处理两者之间关系的正确方法。

年轻干部学习掌握理论与实践辩证关系原理，为提高政治认识、深化理论学习、增强工作本领提供方法论指导。在不断变化的时代要求、实践发展需要和对基本国情科学研判的基础上，年轻干部要抓住实践第一的观点，正确处理理论与实践的辩证统一关系。回顾党史，我们党坚持辩证唯物主义的基本观点要求。一方面，党高度重视推进理论创新工作，不断推进实践基础上的理论完善与发展。年轻干部要在自身工作实践中深刻学习党的理论创新成果，既坚持以正确理论指导开展各项工作，又要在变化的实践中把握、分析和推动理论创新，促进理论对客观规律的深刻揭示，防止科学的理论变成僵死的教条，彻底激发理论的活力和生命力，从而增强理论自信。另一方面，实践决定着理论，实践发展永无止境，理论创新也永无止境。基于深刻变化的现实实践，理论越深刻地揭示了社会发展规律，越能更好指导社会发展和变革。时代在进步、事业在发展，年轻干部与广大人民群众一并投身坚持和发展中国特色社会主义的伟大事业，就要积极推动理论实践的发展而不断发展，实现理论创新和实践创新的良性互动，在这种深刻的交融、交织、交互影响中促进理论与实践共同发展。

2. 善于在古今中外对比中总结历史经验

年轻干部增强本领要立足世情、社情、国情、党情的深刻变化，科学把握在古今中外对比中形成的正反两方面经验。当今世界正经历百年未有之大变局，中国不仅处于这种变局的秩序重塑之中，而且已经成为世界政治经济新秩序重塑的重要力量。在我国，党是推动国家治理现代化的领导力量，对于国家发展、社会进步乃至对于全球治理有着重要影响。而从世界社会主义运动的历史来看，在经历了 20 世纪 80 年代末 90 年代初的东欧剧变、苏联解体，社会主义遭受严重挫折之后，随着中国特色社会主义的蓬勃发展和锐意进取，促使世界社会主义在 21 世纪重新焕发生机活力。立足本土，观察近代以来的历史，中国人民、中国共产党和中华民族从遭受国家蒙辱、人民蒙难、文明蒙尘的劫难，到中国共产党领导中国人民创造"中国奇迹"和"中国之治"，推动中华民族迎来从"站起来"、"富起来"到"强起来"的历史性飞跃，我们不仅见证了综合国力的显著增强，而且见证了大国心态和道路自信、理论自信、制度自信、文化自信的形成。并且，当前已经成为世界第一大政党的中国共产党，无论从自身组织体系、党的建设成效来看，还是从党的政治领导力、思想引领力、群众组织力、社会号召力来看，中国共产党所创造的成就、积累的经验、揭示的规律都是彪炳史册的。为此，年轻干部要树立大历史观，从古今中外对比的视角认知增强本领的重要性和紧迫性。

3. 善于在实践发展历程中分析社会规律

规律是认识和改造世界的必要工具。规律的客观性要求我们不能违背规律来随意进行实践，否则就会出现事与愿违、南辕北辙的现象。正如习近平总书记指出："当今世界发展变化很快，当代中国发展变化也很快，新情况新问题新事物层出不穷。要应对好各种复杂局面，关键是要提高对规律的认识，善于运用规律来处理问题。"① 尊重规律是辩证唯物主义的基本要求，运用规律必须坚持以尊重规律为前提和基础。百年党史，既是党与人民艰辛奋斗的历史，也是党领导人民认识规律、尊重规律和运用规律的历史。新时代以来，以习近平同志为核心的党中央坚定推进全面从严治党，不断深化对新时代党的建设规律的深刻把握，推出了诸如加强党的政治建设这一根本性建设、深入推进反腐败斗争、以刀刃向内的政治勇气推进自我革命等。除此，不断深化对社会主义建设规律和人类社会发展规律的认识，提出中国共产党的领导是中国特色社会主义最本质的特征、走中国式现代化新道路、倡导构建人类命运共同体等。正是基于对共产党执政规律、社会主义建设规律和人类社会发展规律的深刻揭示和创造性运用，党领导中国人民取得了一系列"中国奇迹"，开创了"中国之治"的新样态，展现了走向现代化道路的"中国智慧"、"中国担当"和"中国方案"，从而也为推动 21 世纪社会主义发展注入了新鲜活力，为不断开创人类文明新形态作出重要贡献。

增强分析规律的能力是年轻干部提升自身能力的重要方面。科学认识规律、善于运用规律是增强年轻干部本领的基本要求，也是提升自身工作能力的必然要求。年轻干部要认识、尊重和运用规律，特别是深刻把握共产党执政规律、社会主义建设规律、人类社会发展规律，为深化理论学习、提高工作能力和增强本领提供科学指导。并且，年轻干部要主动掌握科学理论，坚持理论和实践辩证统一的哲学要求，尤其是学会运用马克思主义的立场、观点和方

----

① 《习近平关于全面从严治党论述摘编》，中央文献出版社 2016 年版，第 67 页。

法，明确工作要求，准确分析工作趋势，做到善于分析与解决工作中遇到的问题和难题。在工作实践中，首要的就是要树立科学的理想信念，不断补足精神之"钙"，从而固思想之元、培为政之本、筑立场之堤，做到从内心深处增强认识和运用规律的自觉，内化于心外化于行，持续推进增强分析规律的工作能力，为增强自身本领提质增效。

后　记

2021 年秋季学期中央党校（国家行政学院）中青年干部培训班于 9 月 1 日上午在中央党校开班。中共中央总书记、国家主席、中央军委主席习近平在开班式上发表重要讲话强调，年轻干部生逢伟大时代，是党和国家事业发展的生力军，必须练好内功、提升修养，做到信念坚定、对党忠诚，注重实际、实事求是，勇于担当、善于作为，坚持原则、敢于斗争，严守规矩、不逾底线，勤学苦练、增强本领，努力成为可堪大用、能担重任的栋梁之才，不辜负党和人民期望和重托。这是习近平总书记第一次对年轻干部如何成为可堪大用、能担重任的栋梁之才提出的六个方面的要求，也是年轻干部成为栋梁之才的六个标准。

为帮助广大干部特别是年轻干部深入学习领会习近平总书记讲话精神，按照习近平总书记提出的六个标准练好内功，提升修养，我组织全国党校系统、社科院系统、高校系统的作者编写了《年轻干部要可堪大用能担重任》一书。全书由洪向华负责统筹提纲拟定、统稿等任务。书稿各章具体分工如下：前言、后记由中央党校（国家行政学院）督学、教授、博导洪向华负责；第一章由中国纪检监察学院党建部张杨负责；第二章由中国地质大学马克思主义学院杨润聪负责；第三章由陕西师范大学马克思主义学院韩泊尧负责；第四章由北京林业大学马克思主义学院朱红负责；第五章由贵州省委党校党建部冯钰婕负责；第六章由北京化工大学马克思主义学院马玉婕负责。

由于时间仓促，能力有限，有些错误在所难免，有些内容也需要进一步完善。在写作的过程中，本书参考了大量的著作、论文，未能一一列举出来，一并对业内同行表示感谢。

人民出版社法律与国际编辑部主任洪琼等同志作了很多具体工作，给出了非常宝贵的建议。在此，对他们的辛勤劳动表示感谢。

洪向华